Hybridbildungen und ihre Rezeption unter den deutschen Muttersprachlern

Schriften zur diachronen und synchronen Linguistik

Herausgegeben von Józef Grabarek

Mitglieder des Wissenschaftlichen Beirats:
Hanna Biaduń-Grabarek · Jürgen Bolten · Sylwia Firyn ·
Roman Kalisz · Maria Katarzyna Lasatowicz ·
Klaus-Dieter Ludwig · Grażyna Łopuszańska · Lenka Vaňkova
Mariola Wierzbicka · Józef Wiktorowicz · Lech Zieliński

Band 15

Anna Dargiewicz

Hybridbildungen und ihre Rezeption unter den deutschen Muttersprachlern

Bibliografische Information der Deutschen Nationalbibliothek
Die Deutsche Nationalbibliothek verzeichnet diese Publikation
in der Deutschen Nationalbibliografie; detaillierte bibliografische
Daten sind im Internet über http://dnb.d-nb.de abrufbar.

ISSN 2191-8856
ISBN 978-3-631-66128-4 (Print)
E-ISBN 978-3-653-05663-1 (E-Book)
DOI 10.3726/978-3-653-05663-1

© Peter Lang GmbH
Internationaler Verlag der Wissenschaften
Frankfurt am Main 2015
Alle Rechte vorbehalten.

Peter Lang Edition ist ein Imprint der Peter Lang GmbH.
Peter Lang – Frankfurt am Main · Bern · Bruxelles · New York ·
Oxford · Warszawa · Wien

Das Werk einschließlich aller seiner Teile ist urheberrechtlich
geschützt. Jede Verwertung außerhalb der engen Grenzen des
Urheberrechtsgesetzes ist ohne Zustimmung des Verlages
unzulässig und strafbar. Das gilt insbesondere für
Vervielfältigungen, Übersetzungen, Mikroverfilmungen und die
Einspeicherung und Verarbeitung in elektronischen Systemen.

Diese Publikation wurde begutachtet.

www.peterlang.com

Inhaltsverzeichnis

Einleitung 7
1 **Theoretischer Hintergrund der empirischen Analyse** 11
   1.1 Fremde Einflüsse auf die deutsche Sprache 11
   1.2 Fremdwort und Lehnwort 15
   1.3 Hybridbildung 18
   1.4 Verdeutschung? 21
   1.5 Englischkenntnisse der Deutschen 24

2 **Einführung in die Analyse der Fragebogenergebnisse** 31
   2.1 Untersuchungszeitraum, -ort und
         Beschreibung der Zielgruppen 31
   2.2 Aufbau des Fragebogens 33

3 **Analyse und Auswertung der gewonnenen Daten** 35
   3.1 Methodisches Vorgehen 35
   3.2 Aufstellung von Hypothesen 35
   3.3 Ergebnisse der Auswertung 37
        3.3.1   Analyse der 1. Fragebogenfrage 37
        3.3.2   Analyse der 2. Fragebogenfrage 38
        3.3.3   Analyse der 3. Fragebogenfrage 40
        3.3.4   Analyse der 4. Fragebogenfrage 42
        3.3.5   Analyse der 5. Fragebogenfrage 44
        3.3.6   Analyse der 6. Fragebogenfrage 52
        3.3.7   Analyse der 7. Fragebogenfrage 59
        3.3.8   Analyse der 8. Fragebogenfrage 66
        3.3.9   Analyse der 9. Fragebogenfrage 73
        3.3.10 Analyse der 10. Fragebogenfrage 81
        3.3.11 Analyse der 11. Fragebogenfrage 83
        3.3.12 Analyse der 12. Fragebogenfrage 86
        3.3.13 Analyse der 13. Fragebogenfrage 96
        3.3.14 Analyse der 14. Fragebogenfrage 103

4 **Zusammenfassung der Untersuchungsergebnisse** 107

5 **Resümee** 115

Literaturverzeichnis 117

Diagramm- und Tabellenverzeichnis 127

„Die Quelle, aus der jedoch tatsächlich eine neue Haltung zur Welt
entstehen kann, ist und bleibt die Sprache." Gadamer (1995: 33)

Einleitung

Die in der vorliegenden Studie beschriebenen Untersuchungsergebnisse sind Fortsetzung der Forschung über das Phänomen der Hybridbildungen – auch Mischbindungen genannt – im Deutschen, die mit der Monographie „*Fremde Elemente in Wortbildungen des Deutschen: Zu Hybridbildungen in der deutschen Gegenwartssprache am Beispiel einer raumgebundenen Untersuchung in der Universitäts- und Hansestadt Greifswald*" (Dargiewicz 2013) eingeleitet wurde. Das Ziel dieser Studie bestand darin, das Phänomen der Hybridbildung darzustellen sowie auf die Vielfalt der hybriden Wortbildungen im Gegenwartsdeutschen anhand eines selbständig erstellten Modells hinzuweisen. Die vorliegende Studie ist eine Ergänzungsstudie zu der genannten umfangreichen Monographie. Sie bildet eine ausführliche Beschreibung der Analyse und Auswertung einer Befragung, die das Phänomen der Hybridbildungen in der deutschen Gegenwartssprache zum Inhalt hatte und die unter ausgewählten Gruppen der Einwohner von Greifswald in Mecklenburg-Vorpommern mithilfe eines Fragbogens durchgeführt wurde.

Das Phänomen der Hybridbildungen kann unter verschiedenen Aspekten untersucht werden. Der systematisch-linguistische Aspekt wurde in der genannten umfangreichen Monographie berücksichtigt, deswegen wird hier – außer einer kurzen theoretischen Einführung in das Untersuchungsproblem im Kapitel 1 – nicht auf die dort präsentierte Systematik sowie andere bereits analysierte Aspekte der Hybridbildungen eingegangen. Ein weiterer Schritt in der Untersuchung, dessen Durchführung und Beschreibung unentbehrlich zur adäquaten und gründlichen Auffassung der Hybridbildungen im Deutschen zu sein scheint, ist die soziale Untersuchung, d. h. die Durchführung einer Befragung unter den Einwohnern des Untersuchungsraumes – in unserem Falle der Stadt Greifswald – mithilfe eines zu diesen Zwecken erstellten Fragebogens. Solch eine Meinungsforschung erlaubt, interessante, informative und beachtenswerte Schlussfolgerungen bezüglich der beschriebenen Erscheinung zu ziehen sowie auch die bereits bestehenden Ansichten und Urteile bezüglich dieses Phänomens zu überprüfen, zu verifizieren und demzufolge zu akzeptieren bzw. zu widerlegen. Die Rezeption der Hybridbildungen bei den Studenten und Einwohnern von Greifswald, ihre Meinung über dieses Sprachphänomen soll zur Klärung der Streitfrage beitragen, die das Problem des Verstehens der thematischen Wortbildungen sowie die Notwendigkeit ihrer Bildung und ihres Gebrauchs betrifft. Wichtig ist auch die Aufnahme der erörterten Bildungen von den Sprachnutzern.

Im 1. Kapitel der Studie wird, wie bereits angedeutet, der theoretische Hintergrund der empirischen Analyse präsentiert. Es wird hier auf das aktuelle, in verschiedenen Foren diskutierte Thema der Dominanz des Englischen über andere Sprachen Europas eingegangen. Hingewiesen wird dabei sowohl auf die Befürchtungen, die sie impliziert, als auch auf die Perspektiven für die Deutschsprechenden, die mit dieser als Effekt von Globalisierungs- und Internationalisierungsprozessen geltenden Dominanz verbunden sind. Die emotionelle Diskussion, die in Deutschland bezüglich der Mehrsprachigkeit in Europa geführt wird, bei der über „die Bedrohung durch das Englische" und „die Verlotterung der Sprache" (vgl. Der Spiegel 10: 2006, zit. nach Probst 2009: 1) gesprochen wird, wird in diesem Kapitel zusammengefasst. Es wird hier auch kurz auf die für die vorliegende Studie relevanten Begriffe: Fremdwort, Lehnwort und Hybridbildung eingegangen. Vor allem wird der Begriff der Hybridbildung, die in der sprachwissenschaftlichen Forschung mitunter auch Mischbildung genannt wird, präzise definiert. Ein exaktes Definieren des der empirischen Untersuchung zugrunde liegenden sprachwissenschaftlichen Begriffes ist m. E. unentbehrlich für die korrekte Rezeption der Untersuchungsidee.

Darüber hinaus werden in diesem Kapitel einige Bemerkungen zum Problem der Englischkenntnisse der Deutschen gemacht, die auf konkrete Zahlen bezogen werden, was einen Zusammenhang mit der Aufnahme und dem Verstehen englischer Ausdrücke innerhalb des Deutschen zu haben scheint.

Kapitel 2 bildet eine komprimierte Einführung in die Auswertung des Fragebogens. Eine derartige Einführung in die Analyse der Fragebogenergebnisse ist relevant, damit der Rezipient die Untersuchungsumstände kennen lernt. Es werden hier der Zeitraum und der Ort der Untersuchung, die untersuchten Zielgruppen sowie der Aufbau des zur Untersuchung verwendeten Fragebogens charakterisiert. Die klar umrissene Methode des Vorgehens bei der Datensammlung hat entscheidenden Einfluss auf die Rezeption der Untersuchung sowie der erzielten Forschungsergebnisse. Ein solches Kapitel ist in Bezug auf das untersuchte Problem der Rezeption der Hybridbildungen unter den deutschen Muttersprachlern und indirekt auch der Fremdwörter erforderlich und führt m. E. optimal in die Untersuchungskonzeption ein.

Die Darstellung sämtlicher aus der qualitativ-quantitativen Analyse hervorgehenden und mit Diagrammen veranschaulichten Ergebnisse der Untersuchung, die mit Hilfe eines Fragebogens durchgeführt wurde, erfolgt in Kapitel 3. Hier werden auch die der durchgeführten empirischen Untersuchung zugrunde liegenden Ausgangshypothesen formuliert und charakterisiert. In den folgenden

Unterkapiteln wird ausführlich auf die einzelnen Fragebogenfragen eingegangen. Die Antworten der Probanden werden erörtert, analysiert, mit den aufgestellten Untersuchungshypothesen verglichen und anschließend resümiert.

In Kapitel 4 werden alle Ergebnisse der empirischen Analyse in einer fokussierten Zusammenschau dargestellt, verglichen und anhand der aufgestellten Hypothesen sowie unter Berücksichtigung der übergeordneten Fragestellung der Rezeption der Hybridbildungen unter den deutschen Muttersprachlern diskutiert und zusammengefasst.

In Kapitel 5 – Resümee und Ausblick – werden Relevanz und Anwendbarkeit der gewonnenen Erkenntnisse sowie Möglichkeiten der weiterführenden Forschung des Untersuchungsphänomens hervorgehoben.

Das Erkenntnisinteresse dieser Arbeit wird von der Annahme geleitet, dass die Hybridbildungen – und indirekt auch Fremdwörter als feste Bestandteile der Hybridbildungen – Sprachphänomene in der deutschen Gegenwartssprache sind, die besonderes Interesse unter den Sprachnutzern wecken. Auf der einen Seite aus dem Grunde, dass sie Verstehensprobleme bereiten können, was zu Missverständnissen in dem Kommunikationsprozess führen kann, auf der anderen Seite weil sie die Ausdrucksmöglichkeiten der deutschen Sprache erweitern, sie internationalisieren. Durch die Hybridbildungen rückt die deutsche Sprache näher an die englische heran, die als Lingua franca die dominierende Sprache sowohl auf der wirtschaftlichen als auch auf der wissenschaftlichen Ebene ist.

1 Theoretischer Hintergrund der empirischen Analyse

1.1 Fremde Einflüsse auf die deutsche Sprache

In der heutigen Welt ist es kaum vorstellbar und auch kaum möglich, dass sich eine Sprachgemeinschaft von den anderen isoliert, so dass sich ihre Sprache eigenständig entwickelt. Dies ist vor allem in den industrialisierten Ländern nicht möglich. Die Sprachgemeinschaften sind im ständigen Sprach- und Kulturkontakt. Die Intensität dieses Kontakts steigt von Tag zu Tag durch die elektronischen Medien an und ist gegenwärtig so groß wie noch nie zuvor in der Menschheitsgeschichte. Durch diesen Kontakt beeinflussen sich die Mitglieder der Sprachgemeinschaften einander sowohl im sprachlichen als auch im kulturellen Bereich. Beachtenswert ist dabei die Tatsache, dass dieser Kontakt nicht direkt sein muss. Er kann, wie schon erwähnt, über Medien sowie über die aus einem anderen Land kommenden Produkte und deren sprachliche Bezeichnungen erfolgen. Der Sprachkontakt ist Voraussetzung für Entlehnungen aus anderen Sprachen. Auch die deutsche Sprache steht schon seit Jahrhunderten in Kontakt mit anderen Sprachen. Jahrhundertelang werden ins Deutsche Wörter aus unterschiedlichen Sprachen entlehnt. Wichtig dabei ist zu betonen, dass die Leistung eines Wortes in einer Sprache entscheidend ist und nicht seine Herkunft, d. h. es ist entscheidend, ob ein entlehntes Wort in der jeweiligen entlehnenden Sprache gebraucht wird oder nicht. Wird ein Wort nicht gebraucht, verschwindet es oder es gerät in Vergessenheit. „Wir brauchen den Müll also gar nicht erst zu entsorgen. Er entsorgt sich selbst. Unnötige Fremdwörter sind Selbstentsorger: z. B. Der *Injuriat* (*der Beleidigte*) oder *Defraudant* (*der Betrüger*) sind zwar im Duden Fremdwörterbuch zu finden, erscheinen aber bereits veraltet" (Muhr/ Kettemann 2004: 58).

Die Zahl der Entlehnungen ist in der deutschen Sprache relativ gering. Völlig unbegründet sind aus dem Grunde die Befürchtungen der Sprachreiniger, dass das Deutsche zu einer Pidginsprache werden kann (vgl. ebenda: 12). Es gibt jedoch Bereiche, in denen englische Ausdrücke immer häufiger verwendet werden, wie z. B. in der Handels- und Marketingbranche sowie im Dienstleistungsbereich, was vielleicht in einem solch großen Ausmaß doch nicht toleriert werden sollte. Zu viele fremde Wörter können leicht zu Verständnisproblemen führen. Die „`Überanglisierung`[…] führt Kunden in die Irre und ist verständigungshemmend" (vgl. ebenda: 19). Der Grund für die Überhandnahme an englischen Wörtern in bestimmten Lebensbereichen ist ihre Appellfunktion. Mit englischen

Produktnamen wird Modernität und Aufgeschlossenheit signalisiert. Es handelt sich hierbei kaum um Information – diese leidet oft unter der Überbetonung der Appellfunktion in der Werbung – sondern darum, die Aufmerksamkeit des Rezipienten zu gewinnen. Diese Aufmerksamkeit kann in jedem Land der Welt auf dieselbe Art und Weise erreicht werden. Man erspart sich Werbekosten bzw. erhöht die Wirkung der Werbung dadurch, dass man einen unverwechselbaren, überall gleich klingenden Namen für ein Produkt wählt, der überall auf der Welt mit einer bestimmten Firma assoziiert wird. Dadurch wird die Werbung zu einer wichtigen und wirksamen Quelle des Sprachkontakts.

Es gab Perioden in der deutschen Sprachgeschichte, in denen infolge der gesellschaftlichen Entwicklung stärkere Einflüsse der anderen Sprachen und Kulturen zu spüren waren. Diese waren immer von Sprachreinigungsaktionen begleitet, die Resultat der Angst um den Verfall der Sprache und der damit zusammenhängenden Identität waren. Gegenwärtig ist der englische Einfluss sowohl auf die deutsche als auch auf die anderen europäischen Sprachen sehr stark. Es gibt natürlich auch viele Gegner dieser Entwicklung. So wie vor hundert Jahren die Entlehnungen aus dem Französischen bekämpft wurden, richten sich viele Sprachvereine im 21. Jahrhundert gegen englische Übernahmen ins Deutsche. „Die Abwehr von fremden Einflüssen auf einzelne Sprachen und damit verbundene Sprachreinigungsbemühungen sind kein spezifisch deutsches Phänomen – es gab und gibt sie in allen europäischen Sprachen in unterschiedlicher Intensität, wobei das Französische, Isländische, Slowenische und Tschechische besonders stark auf die Abwehr und Umwandlung von Fremdwörtern gerichtet sind" (Muhr/ Kettemann 2004: 20).

Der Einfluss der anderen Sprachen auf das Deutsche ist bereits in den Anfängen der deutschen Sprachgeschichte sichtbar: die Fremdwörter (vor allem griechischer und lateinischer Herkunft), die durch den Kontakt mit anderen Völkern ins Deutsche übernommen wurden, erscheinen schon im Althochdeutschen. Sprachbewusstheit, die einen Ausgangspunkt für den Sprachpurismus gebildet hat, hat sich jedoch erst mit der Entstehung der deutschen Standardsprache in der Neuzeit entwickelt. Seit dem 16. Jahrhundert verzeichnet die Geschichte der deutschen Sprache Phasen der intensiven Bekämpfung der fremden sprachlichen Einflüsse. Das erste von Simon Rots im Jahre 1571 veröffentlichte Fremdwörterbuch des Deutschen – „Ein teutscher Dictionarius" – machte es deutlich, welche Wörter als deutsch angesehen werden sollten und welche nicht. In der Zeit der Etablierung der neuhochdeutschen Schriftsprache, die neben dem Lateinischen zur vollwertigen Amtssprache wurde, war das ein beachtlicher Schritt. Das 17. und das 18. Jh. waren von dem Kampf gegen Gallizismen geprägt. Das 18. Jh. brachte den Kampf für die deutsche Sprache als Sprache der Wirtschaft und der Bühne mit sich. Die damit zusammenhängenden Eindeutschungsbemühungen der Wörter lateinischer Herkunft sind eine geschichtlich wichtige sprachreinigende Aktion. Dieser folgte Ende des 18. Jh. die nächste Welle der Eindeutschungsbemühungen, die sich diesmal gegen Wörter aus der französischen Sprache wendete. Das 1801 erschienene „Verdeutschungswörterbuch" von Joachim Campe war Widerspiegelung des Kampfes um die Aufrechterhaltung der deutschen Sprache. Mitte des 19. Jh. haben neue sprachreinigende Bestrebungen begonnen, die in den 30er Jahren des 20. Jh., als die Nazis die Macht ergriffen haben, ihren Höhepunkt erreichten. Die damaligen sprachreinigenden Bestrebungen zielten wiederum auf die Bekämpfung der Einflüsse aus dem Französischen ab. Schon nach dem 1. Weltkrieg erreichte die englische Sprache einen hohen Rang, was mit dem heutigen Ausmaß der Lingua franca seinen Höhepunkt findet.

In den 20er Jahren des 20. Jh. waren die fremdwortbekämpfenden Bemühungen ein wenig weniger zu spüren. Mit der Machtergreifung der Nazis erreichte die heftige Kritik an dem Fremdwortgebrauch jedoch eine Blütezeit. Nach dem 2. Weltkrieg wurde angesichts der schrecklichen Erfahrungen der Nazizeit jede krasse Form der Fremdwortbekämpfung absolut abgelehnt. Nach der Studentenrevolte im Jahre 1968 und dem Beginn der Pop-Musik-Epoche wurde Englisch zur modernen Sprache. Vor allem die Westdeutschen haben die Anglizismen gern in ihren Wortschatz aufgenommen, wogegen den Ostdeutschen die englischen Ausdrücke eine gewisse Zeit lang noch fremd waren. Erst Ende der 80er Jahre und nach der Wiedervereinigung Deutschlands änderte sich angesichts der von der amerikanischen Seite geprägten Globalisierung die Einstellung der Deutschen zu der massiven Zunahme der Anglizismen in ihrer Muttersprache. Gegen die unkritische Aufnahme der englischen Ausdrücke ins Deutsche traten zahlreiche in den 90er Jahren gegründete Sprachvereine auf. Ihre sprachschützenden Bemühungen waren diesmal direkt gegen eine Sprache gerichtet, und zwar gegen das Englische. Der gemeinnützige Verein Deutsche Sprache e. V. ist der größte und bekannteste Verein, der Deutsch als eigenständige Kultursprache fördert. Zahlreiche prominente Germanisten sind seine Mitglieder, u. a. Horst Haider Munske, Wolfgang Sauer, Heinz Günter Schmitz, Harald Weinrich oder Manfred Schröder. Der 1997 gegründete Verein „ist eine bunte, große und wachsende Bürgerbewegung mit derzeit 36.000 Menschen aus nahezu allen Ländern, Kulturen, Parteien, Altersgruppen und Berufen", die „der Anglisierung der deutschen Sprache entgegentreten und die Menschen in Deutschland an den Wert und die Schönheit ihrer Muttersprache erinnern" will. Dabei verfolgen die Mitglieder des Vereins „keine engstirnigen nationalistischen Ziele". Sie sprechen über sich folgendermaßen: „Wir sind auch keine sprachpflegerischen Saubermänner. Fremdwörter – auch englische – sind Bestandteile der deutschen Sprache. Gegen *fair*,

Interview, Trainer, Doping, Slang haben wir nichts einzuwenden. Prahlwörter wie *event, highlight, shooting star, outfit*, mit denen gewöhnliche Dinge zur großartigen Sache hochgejubelt werden, lehnen wir ab. Dieses „Imponiergefasel" grenzt viele Mitbürger aus, die über keine oder nur eingeschränkte Englischkenntnisse verfügen."[1] Solange die sprachpflegerischen Bemühungen im Rahmen des gesunden Menschenverstandes erfolgen und keine rechtsextremen Ziele durchsetzen wollen, haben sie ihre Daseinsberechtigung. Wenn aber sprachpflegerische Vorschläge problematische Sphären der Gesellschaft durch zu heftige und zu radikale Kritik an dem Fremdwortschatz antasten, dann verfehlen sie ihr Ziel. Neben dem Verein Deutsche Sprache gibt es inzwischen eine große Anzahl anderer Vereine, die sich ebenfalls mit der Pflege der deutschen Sprache beschäftigen. Eine politisch unabhängige Vereinigung zur Pflege und Erforschung der deutschen Sprache ist die im Jahre 1947 gegründete Gesellschaft für deutsche Sprache (GfdS) mit ihrem Sitz in Wiesbaden, die die Zeitschriften „Der Sprachdienst" und „Muttersprache" veröffentlicht sowie Bücher herausgibt. Zu ihren Aufgaben gehören: „Bewusst machen: Das Bewusstsein für die deutsche Sprache in der Öffentlichkeit vertiefen; Pflegen: Die deutsche Sprache in ihrer Funktion in der Welt pflegen; Beobachten: Die Sprachentwicklung kritisch beobachten; Beraten: Empfehlungen für den allgemeinen Sprachgebrauch auf der Grundlage wissenschaftlicher Forschung geben".[2] Das, was die GfdS betreibt, ist m. E. eine wissenschaftlich begründete Sprachpflege, die sich auf linguistisch motivierter Grundlage um die Verbesserung des sprachlichen Ausdrucks bemüht. Ihr Ziel ist es nicht, Anglizismen oder überhaupt Fremdwörter rigoros zu bekämpfen. Der Verein stellt sich die Aufgabe, die deutsche Sprache zu pflegen und zu erforschen sowie die Funktion der deutschen Sprache im globalen Zusammenhang erkennbar zu machen[3]. Solch eine Organisation, die neben Behörden und Firmen auch Privatpersonen in allen Fragen der Rechtschreibung, Grammatik oder des Stils – wie die GfdS – berät, ist m. E. gegenwärtig in jeder Sprache angebracht. Und dies nicht, um bestimmte Erscheinungen in der jeweiligen Sprache zu bekämpfen, zu kritisieren, sondern um diese zu klären und Gründe für ihr Erscheinen zu suchen.

Begriffe wie Sprachkritik, Sprachkultur, Sprachnormierung, Sprachpolitik, Sprachreinigung, Sprachpflege, Sprachförderung oder Sprachregelung begleiten die deutschen Muttersprachler schon seit Jahrhunderten. Die Zugehörigkeit der Fremdwörter zur deutschen Sprache wird immer wieder in Frage gestellt, aber

---

1 http://www.vds-ev.de/verein (Zugriff am 03.12.2014 um 11.49).
2 http://gfds.de/ueber-die-gfds/ (Zugriff am 03.12.20014 um 12.25).
3 Vgl. http://www.wiesbaden.de/microsite/stadtlexikon/a-z/gfds.php (Zugriff am 03.12.2014 um 12:58).

Tatsache ist, dass die Fremdwörter Wörter der deutschen Sprache sind (vgl. Eisenberg 2011a: 3). Fremdwörter sind „Wörter des Deutschen, aber sie bilden einen besonderen Teil seines Wortschatzes. Es lohnt sich diesen Teil für sich zu betrachten und den Nichtfremdwörtern gegenüberzustellen. Die Nichtfremdwörter bilden den Kernwortschatz des Deutschen" (ebenda). Zwar stellen die Fremdwörter „im Gegenwartsdeutschen eine Minderheit dar, aber über den Fremdwortschatz wird öffentlich mehr gesprochen und geschrieben als über den Kernwortschatz" (ebenda: 9). In diesem Zusammenhang kann konstatiert werden, dass die Geschichte der deutschen Sprache unverkennbar zeigt, wie sprachbewusst die Deutschen sind. Ihre Sprachbewusstheit, die als eine sprachreflexive Fähigkeit, eine sprachanalytische Kompetenz bezeichnet wird, kommt in den verschiedenen Perioden der deutschen Sprachgeschichte dadurch zum Ausdruck, dass sie über ihre Sprache und den Sprachgebrauch kritisch nachdenken können.

1.2 Fremdwort und Lehnwort

Es ist für jede wissenschaftliche Ausführung relevant zu präzisieren, was unter den in der Arbeit besprochenen Phänomenen verstanden wird, welche Definitionen ihnen zugrunde liegen. Aus diesem Grunde werden nachfolgend die Definitionen des Fremdworts, Lehnworts, der Entlehnung sowie der Hybridbildung festgelegt. Der Rezipient soll dadurch in den Untersuchungsgegenstand eingeführt und mit ihm bekannt gemacht werden.

Natürlich bestehen wie im Falle beinahe jedes sprachwissenschaftlichen Phänomens auch im Falle des Fremdworts, Lehnworts und der Hybridbildung zwischen ihren bestimmten Auffassungen und Definitionen Unterschiede und Divergenzen. Auf diese wird in der vorliegenden Studie nicht näher eingegangen. Dies war unter anderem der Gegenstand der Monographie „*Fremde Elemente in den Wortbildungen des Deutschen*" (Dargiewicz 2013) und ich will mich nicht wiederholen. Ich begrenze mich hier somit auf die Anführung der dieser Studie zugrundeliegenden Definitionen der drei sprachwissenschaftlichen Phänomene sowie einiger m. E. wichtigen Anmerkungen diesbezüglich, wodurch bei der Rezeption der vorliegenden Studie eventuell auftretende irreführende Annahmen bzw. Missverständnisse von vornherein vermieden werden.

Die für diese Studie relevanten Begriffe – Fremdwort und Lehnwort – werden in Anlehnung an die Definitionen des Lehnworts sowie des Fremdworts von Bußmann (2008: 23 f.), Eisenberg (2011a: 1 ff.), Ruf (1996: 35 ff.) und Siekmeyer (2007: 4 ff.) determiniert (vgl. auch Dargiewicz 2013: 48 f.).

Bußmann (2008: 164 f.) definiert die Entlehnung wie folgt:

„Entlehnung [engl. *borrowing, loan.* – auch: Interferenz, Transferenz] Vorgang und Ergebnis der Übernahme eines sprachlichen Ausdrucks bzw. einer sprachlichen Struktur [...] aus einer Fremdsprache in die Muttersprache, meist in solchen Fällen, in denen es in der eigenen Sprache keine Bezeichnung für neu entstandene Sachen bzw. Sachverhalte gibt. Die Ursachen solcher auf Sprachkontakt beruhenden Beeinflussungen liegen in verschiedenen politischen, kulturellen, gesellschaftlichen oder wirtschaftlichen Entwicklungen. [...] Verschiedene Versuche zur Klassifizierung der Entlehnungen nach Grad ihrer Integration/ Assimilation in die heimische Sprache (Fremdwort vs. Lehnwort) oder unter semantischem und konstruktionellem Aspekt (Lehnprägung) haben zu einer verzweigten und nicht immer ganz durchsichtigen Terminologie geführt, was nicht zuletzt auch an vielen Überlagerungen verschiedener Gesichtspunkte bei der Bildung von Entlehnungen liegt."

Das Schema der fremdsprachlichen Entlehnungen des Deutschen von Bußmann soll exakt die Stellung des Fremdworts und Lehnworts unter dem Lehnwortschatz des Deutschen veranschaulichen:

Lehnwortschatz					
Lehnwort (im weiteren Sinn) (lexikalische Entlehnung)			**Lehnprägung** (semantische Entlehnung)		
Fremdwort (nicht assimiliert)	**Lehnwort** (im engeren Sinn) (assimiliert)	Lehnbildung			Lehnbedeutung (morphologische Ähnlichkeit und Teilidentität des Inhalts)
		Lehnformung (formal abhängig) a) **Lehnübersetzung** (Glied für Glied)	Lehnschöpfung (formal unabhängig)		
Courage *Flirt* *Palais* *Sputnik*	*Pfingsten* (griech. *pentecoste*) *Rettich* (lat. *radix*) *schreiben* (lat. *scribere*) *Wein* (lat. *vinum*) *Streik* (engl. *strike*)	*Halbwelt* (frz. *demi-monde*) *Gewissen* (lat. *conscientia*) *Mitlaut* (Konsonant) *Rechtschreibung* (Orthographie) b) **Lehnübertragung** (frei) *Vaterland* (lat. *patria*) *Wolkenkratzer* (engl. *sky-scraper*)	*Zartgefühl* (frz. *délicatesse*) *Umwelt* (frz. *milieu*) *Niethosen* (engl. *blue-jeans*) *Sinnbild* (Symbol)		*Heiland* (lat. *salvator*) *schneiden* (engl. *to cut*, >jemanden geflissentlich übersehen<)

(vgl. Bußmann 2008: 165)

Den obigen Ausführungen nach „wird Entlehnung verstanden als Prozess des Überwechselns von Einheiten verschiedener Art aus einer Sprache in eine andere, oder auch in mehrere Sprachen, was die Sprachkontaktforschung untersucht. Mit dem Terminus ʻEntlehnungʼ wird sowohl der Prozess der Übernahme eines sprachlichen Ausdrucks bzw. einer sprachlichen Struktur aus einer Fremdsprache in die Muttersprache bezeichnet, als auch das Resultat dieses Prozesses" (Dargiewicz 2013: 43). Langner (1986: 402) folgend vertrete ich den Standpunkt, „dass Entlehnungen, die eine Form sprachlichen Wandels sind, wie andere Formen der sprachlichen Wandlungen Ausdruck interindividueller Kommunikationsbedürfnisse sind und sich deshalb dazu eignen, Mängel im Sprachsystem und in der Kommunikation zu überwinden" (ebenda).

Die Bezeichnung ʻFremdwortʼ wurde vom Philosophen K. C. F. Krause (1781–1832) zum Begriff gemacht. Jean Paul (1763–1825) hat diese Bezeichnung dann in der Zeitschrift *Hesperus* (1819) geprägt.

Mit dem Terminus ʻFremdwortʼ wird ein aus einer fremden Sprache in die Muttersprache übernommener Ausdruck bezeichnet (meist zugleich mit der durch ihn bezeichneten Sache), der im Unterschied zum ʻLehnwortʼ sich in Aussprache, Schreibung oder Form noch nicht an das System der Muttersprache angepasst hat. Lehnwort im engeren Sinne ist dagegen eine Entlehnung aus einer Sprache B in die Sprache A, die sich in Lautung, Schreibung und Flexion vollständig an die Sprache A angeglichen hat, wie z. B. deutsch: *Fenster* aus dem lateinischen: *fenestra* oder deutsch: *Wein* aus dem lateinischen *vinum*. Das Lehnwort im weiteren Sinn ist ein Oberbegriff für Fremdwort und Lehnwort im engeren Sinn. Das typische Fremdwort ist im Unterschied zum Lehnwort nicht in das System der Sprache A integriert (vgl. Dargiewicz 2013: 48).

Das Angeführte weist darauf hin, dass die Grenze zwischen dem Fremd- und Lehnwort fließend und schwer fassbar ist. Somit ist eine eindeutige Unterscheidung der beiden Phänomene nicht unproblematisch. Aus dem Grunde werden die Termini ʻFremdwortʼ und ʻLehnwortʼ oft unterschiedlich gebraucht, d. h. mit der Bezeichnung ʻFremdwortʼ wird „oft die Gesamtheit der nicht ererbten Wörter umschrieben […], die auch Lehnwörter mit einschließt" (Siekmeyer 2007: 7). Diese Tatsache kann darauf zurückgeführt werden, dass auch in der Forschung keine Einigkeit darüber besteht, ab welchem Grad der Integration man von einem Lehnwort sprechen kann. Die Antwort auf die Frage, „ob ein Wort also als Fremdwort oder Lehnwort anzusehen ist, wird entweder durch den Grad der Assimilation oder Integration oder durch semantisch-strukturelle Kriterien bestimmt – [sie] ist also interpretationsabhängig" (ebenda; vgl. auch Riehl 2004: 31 f., Dargiewicz 2013: 48 f.).

In der vorliegenden Studie wird von fremden Einheiten gesprochen, ohne die exakte Grenze zwischen den Fremdwörtern und Lehnwörtern zu ziehen, da diese den obigen Ausführungen sowie auch den umfangreichen Forschungen nach fließend und häufig interpretationsbedürftig ist. Ich möchte nicht in diese Interpretationsfalle geraten. In der zu Zwecken dieser Studie durchgeführten Befragung geht es um die von den Sprachnutzern vorgenommene subjektive Einschätzung der konkreten Produkte der Wortbildung, d. h. der Hybridbildungen, dank der es möglich sein wird – natürlich nur in gewissem Maße – generalisierende Schlussfolgerungen zu ziehen. Es ist dabei wichtig, ob die Sprachnutzer die bestimmte fremde Einheit als fremd oder nicht mehr fremd empfinden. Damit ist auch das Problem der Verständlichkeit verbunden. Wenn die Sprachnutzer ein bestimmtes Wort nicht mehr als fremd wahrnehmen, heißt das, die fremde Einheit hat sich im Deutschen als Nehmersprache assimiliert, wodurch sie m. E. keinesfalls verständnisstörend wirkt, welcher Meinung zum Teil auch die Befragten sind.

1.3 Hybridbildung

Was sind Hybridbildungen, bzw. Mischbildungen? Hybridbildungen, auch Mischbildungen genannt, sind Kombinationen aus fremdsprachigen und deutschen Elementen, die in einem Wort verbunden sind, z. B. *Spielkonsole, Computerlehrgang, recyclingfähig, talkshowartig, herumshoppen, Back-Factory, Partnerschaft, Service-Dienst, Kinderbuggy*. Unter Hybridbildungen bzw. Mischbildungen werden somit komplexe Wörter einer bestimmten von dem Sprachwissenschaftler zu erforschenden Sprache – in unserem Fall der deutschen Sprache – verstanden, deren Bestandteile aus mindestens zwei verschiedenen Sprachen stammen, d. h. aus der deutschen – hierzu zählen wir wie Kortas (2003: 109) sowohl indigene Einheiten als auch etymologisch fremde, aber völlig assimilierte Einheiten – und mindestens einer beliebigen anderen Sprache. Im Gegenwartsdeutschen kommen solche Wortbildungsprodukte, die durch die Kombination von einem (oder mehreren) einheimischen und einem (oder mehreren) fremden Elementen entstanden sind, immer häufiger vor, z. B. *Beauty-Zutaten, Couponheft, Hikingjacke, Natur-Highlights, Sommerlook, durchtalken* (vgl. Dargiewicz 2013). Die häufigsten entlehnten Bestandteile der hybriden Bildungen im Gegenwartsdeutschen sind die englischen Lexeme (vgl. ebenda).

Für den Bereich der Hybridwortbildung schlage ich in der in der Einleitung zu der vorliegenden Studie genannten Monographie folgende Wortbildungstypen vor, die meiner in der genannten Studie durchgeführten empirischen Analyse zugrunde liegen (Dargiewicz 2013: 101):

I. **Komposition** (Determinativkomposition)
1. exogenes Lexem + indigenes Lexem: *Beauty̲anlage, lifestyle̲bewusst*
2. indigenes Lexem + exogenes Lexem: *Kinderbuggy̲, sommerfit̲,*
   herumshoppen̲
3. Konfix + indigenes Lexem: *Bio̲-Bäcker*

II. **Derivation**:
1. Präfix-Derivation:
   a. indigenes Präfix + exogenes Lexem: *Ur-Softshell̲, uncool̲, einchecken̲*
   b. exogenes Präfix + indigenes Lexem: *Ex̲-Ehemann, super̲leicht,*
2. Suffix-Derivation:
   a. indigenes Lexem + exogenes Suffix: *Posting̲*
   b. exogenes Lexem + indigenes Suffix: *Outdoorer, trendig̲*
3. Präfix-Suffix-Derivation (Zirkumfigierung): *Verlinkung̲*
4. Konfix-Derivation:
   a. exogenes Lexem + indigenes Suffix: es sind dazu keine Beispiele in dem untersuchten Korpus zu verzeichnen, aber es ist allgemein mögliche Kombination, z. B.: *biotisch, thermisch, fanatisch*

Die Wortbildung der deutschen Sprache charakterisiert sich unter anderem dadurch, dass sie außer des Systems der indigenen Wortbildungsmittel (darunter auch der gegenwärtig völlig assimilierten, jedoch aus fremden Sprachen entlehnten Elemente) und Bildungsweisen ein Teilsystem entwickelt hat, „das mit Elementen fremdsprachlicher Herkunft auf der Basis der Wortbildungsstrukturen des Deutschen operiert" (Fleischer 1977: 64). Das zu Zwecken meiner Forschung erarbeitete Klassifikationsmodell der Hybridbildungen weist eine Vielfältigkeit von Kombinationsmöglichkeiten fremder und einheimischer Komponenten auf. Es gibt hier aber gewisse Einschränkungen, die sich auf die Spezifik des Systems der deutschen Gegenwartssprache beziehen. Hybridbildungen veranschaulichen die Verzahnung der indigenen und der Fremdwortbildung, was nicht zu bestreiten ist. Diese hat aber ihre Grenzen. Sie werden von den Restriktionen in der Kombinierbarkeit der exogenen und indigenen Elemente sowie von den Unterschieden bezüglich des Morphemstatus (z. B. Konfix) und der Wortbildungsstrukturen (z. B. Kombination Konfix + Affix) gesetzt, was anhand der in der genannten Monographie durchgeführten Korpusanalyse sichtbar gemacht wurde (vgl. Dargiewicz 2013: 102, 163 ff.).

Die Hybridbildungen sind keine seltenen Phänomene in der deutschen Gegenwartssprache. Die Sprachnutzer greifen ziemlich oft zwecks Realisierung ihres Kommunikationsziels nach Bildungen, die aus nativen und exogenen Einheiten bestehen. Das ist ein Beweis dafür, dass sie mit den ihnen zur Verfügung stehenden lexikalischen Mitteln sehr flexibel und kreativ umgehen können. Dadurch wollen sie erstens den semantischen Inhalt der Aussage wiedergeben und hervorheben und zweitens die Aufmerksamkeit des Rezipienten durch die Nichtalltäglichkeit dieser Bildungen erregen. Davon, dass die hybriden Bildungen eine häufige Erscheinung in der deutschen Gegenwartssprache sind und dass sie sehr gern gebildet werden, zeugt u. a. die Untersuchung einer Gruppe von 141 Neologismen aus dem online Korpus `Wortwarte`. Unter 141 analysierten Neologismen aus den Bereichen Freizeit und Sport gab es 57 Belege, die sowohl aus indigenen als auch aus fremden Einheiten bestehen, was 40,4 % der Gesamtzahl der analysierten Neologismen ausmachte. Hybride Bildungen wie *Aquaentspannung, Speedlauf, Walkingbahn, Beachballspieler, Powerkopfball, Aquabike-Meisterschaft* oder *Winter-Wald-Walking* sind in der deutschen Gegenwartsprache sehr populär, und jeden Tag erscheinen neue auf diese Art und Weise gebildeten Wörter, was das `Wortwarte`-Korpus tagtäglich veranschaulicht und dokumentiert (vgl. Dargiewicz 2014: 21 f.).

Der Aufbau der analysierten `Wortwarte`-Hybridbildungen aus den Bereichen Freizeit und Sport verdient besondere Aufmerksamkeit. Es waren meistens Bildungen aus zwei Bestandteilen, drei- und viergliedrige Bildungen kamen ebenfalls vor. Dabei waren in einem Lexem von einer bis zu drei exogenen Komponenten mit einer indigenen Komponente kombiniert oder umgekehrt: *Nacktsurfer* (indigen + fremd), *Speedbereich* (fremd + indigen), *Freefightbewegung* (fremd + fremd + indigen), *Beachmehrzweckplatz* (fremd + indigen + indigen + indigen), *Snowboardcross-Wettbewerb* (fremd + fremd + fremd + indigen) (vgl. ebenda: 22). Die beachtenswerte Anzahl der im Deutschen auftretenden komplexen hybriden Neubildungen, die in überwiegender Zahl Zusammensetzungen sind, und die von solchen Recherchen wie beispielsweise die `Wortwarte`-Recherche bestätigt wird, veranschaulicht und bekräftigt die Tatsache, dass die deutsche Sprache die besondere Fähigkeit besitzt, Komposita zu bilden (vgl. ebenda). „Das in diesen Prozess integrierte exogene Sprachmaterial bereichert die Wortbildungsstrukturen des Deutschen und erlaubt die Phänomene der modernen gesellschaftlichen Entwicklung zeitgemäß, originell und abwechslungsreich zu formulieren" (ebenda).

In Anlehnung an die zu Zwecken dieser Studie durchgeführte Befragung anhand eines Fragebogens, in dem gleich am Anfang die Definition der Hybridbildung angeführt wurde, lässt sich feststellen, dass die Probanden den Begriff

'Hybridbildung' verstanden haben, worauf die Antworten auf die formulierten Fragen sowie deren Begründungen deuten.

1.4 Verdeutschung?

Im Fernsehen, Rundfunk, in der Presse und im Internet kann man beobachten, dass der Anteil der Fremdwörter am deutschen Wortschatz nicht gering ist. In fortlaufenden Zeitungstexten erreicht er beispielsweise 8–9 % (vgl. Duden 2002: 9). Wenn man nur die Substantive, Adjektive und Verben zählt, steigt der Anteil der Fremdwörter sogar auf 16–17 %. In Fachtexten, in denen naturgemäß viele fremdsprachliche international gängige Termini verwendet werden, liegt der prozentuale Anteil der Fremdwörter mit Sicherheit noch wesentlich höher. Den gesamten Wortbestand der deutschen Sprache verzeichnet kein einziges Wörterbuch, so gibt es auch keine Möglichkeit, präzise die Anzahl der Fremdwörter im Deutschen anzugeben. Es kann nur geschätzt werden, wie groß der Anteil der Fremdwörter am deutschen Gesamtwortschatz ist. Wenn man ansetzt, dass das gesamte deutsche Vokabular etwa 300 000 bis 500 000 Wörter beträgt, so könnte der absolute Fremdwortanteil bei schätzungsweise 100 000 Wörtern liegen. Der mit rund 2 800 Wörtern aufgestellte deutsche Grundwortschatz enthält etwa 6 % fremdsprachige Wörter. Den größten Anteil unter den Fremdwörtern hat das Substantiv, an zweiter Stelle steht das Adjektiv, dann folgen die Verben und schließlich die übrigen Wortarten[4], was auch der bekannte Potsdamer Linguist Peter Eisenberg (2011a: 17 f.) bestätigt:

> „Die Fremdwörter des Deutschen gehören fast durchweg zu den offenen und flektierenden Klassen Substantiv, Adjektiv und Verb. Darüber hinaus gibt es im Alltagswortschatz einige Adverbien, Präpositionen und Partikeln, die gelegentlich mit zur Sprache kommen. Die Numeralia stellen einen Sonderfall dar, insofern sie einen alten und stabilen Bestand an Fremdwörtern wie *Million, Billion* aufweisen, gleichzeitig einen ebenso stabilen Bestand an Kernwörtern."

Bei der Übernahme gängiger Fremdwörter spielt die Bequemlichkeit eine wichtige Rolle. Die Sprachnutzer ersparen sich oft, nach einem deutschen Eigenwort zu suchen, wie beispielsweise *befähigt* für *qualifiziert*, *Rechner* für *Computer*, *Arbeit* für *Job*, *Veranstaltung* für *Event*, *Garnitur oder Satz* für *Set* (vgl. Dargiewicz 2013: 258 f.), oder einen einprägsamen und verständlichen deutschen Begriff neu zu schaffen, wie im Falle von *Rückweh* für *Nostalgie*. Es wird unter Linguisten

---

4 Vgl. http://www.duden.de/sites/default/files/downloads/Duden_Das_Fremdwort_Lesenswertes_und_Interessantes.pdf (Zugriff am 05.12.2014 um 20.28).

darüber diskutiert, wie mit den entlehnten Wörtern umzugehen ist. Sollten sie akzeptiert werden, sollten sie vielleicht in die Muttersprache übersetzt werden, oder soll man darauf hoffen, dass sie nach einer Phase der intensiven Verwendung wieder aus dem Sprachgebrauch verschwinden? Das Problem erörtern nicht nur die Sprachwissenschaftler, sondern auch die einfachen Kommunikationsteilnehmer/Sprachnutzer, die zu dem Problem verschiedene seine Aspekte betrachtende Stellung zu nehmen versuchen. Wie die Geschichte der deutschen Sprachpflege veranschaulicht, gibt es in dem Punkt keine Einigkeit. Es gab verschiedene Phasen in der deutschen Sprachgeschichte, in denen man sich in verschieden starkem Grade darum bemüht hat, die aus den anderen Sprachen ins Deutsche einfließenden fremden Wörter durch deutsche Entsprechungen zu ersetzen (vgl. Muhr/ Kettemann 2004: 37 ff.). Dabei richtete man sich immer nach dem Prinzip der Verständlichkeit, d. h. das in der deutschen Sprache Ausgedrückte sollte allen auf Deutsch Kommunizierenden verständlich sein. Indirekt unterstellte man dadurch jahrhundertelang – und dies ist heutzutage immer noch der Fall – den sich der deutschen Sprache Bedienenden, dass sie offensichtlich nur in der Lage sind, deutsche Wörter zu verstehen. Man wird „hier den Eindruck nicht los, dass die Sprachteilnehmer für ziemlich dumm gehalten werden" (ebenda: 46) – und dies nicht nur von den Sprachwissenschaftlern, sondern auch von sich selbst, denn die Deutschsprechenden klagen oft selbst über Kommunikationsbarrieren, die durch die Verwendung der im Gegenwartsdeutschen aus dem Englischen und in der Vergangenheit aus vielen anderen Sprachen stammenden Lexeme geschaffen werden. Die deutsche Sprache als Mischsprache enthält viele so weit assimilierte Fremdwörter, bei denen man heute gar nicht auf die Idee käme, sie seien Fremdwörter. Viele neue, immer wieder ins Deutsche einfließende Fremdwörter werden von den Sprachnutzern als etwas Natürliches, kommunikativen Zwecken Dienendes betrachtet. Einige von ihnen haben eine exakte deutsche Entsprechung, wie *Buggy – Kinderwagen*, Inhalte der anderen wiederum können nur in einem gewissen Masse durch die deutsche Variante wiedergegeben werden, wie im Falle des Wortes *Wellness*, das mehrere Bedeutungen impliziert und kaum durch ein einzelnes deutsches Wort ersetzbar ist, weil sein ganzes Bedeutungsspektrum dadurch nicht zum Ausdruck käme. Nur durch die Gesamtbedeutung mehrerer deutscher Lexeme kann der Inhalt dieses englischen Ausdrucks wiedergegeben werden: *Wohlbefinden Ausgeglichenheit, Besserung, Entspannung, Erholung, Genesung, Heilung, innerliche Ruhe*. Die im empirischen Teil der vorliegenden Studie präsentierten Ergebnisse der unter den deutschen Muttersprachlern durchgeführten Befragung veranschaulichen ebenfalls, dass sich die Muttersprachler dessen bewusst sind, dass bei einigen Übertragungen der englischen Ausdrücke ins Deutsche oft wichtige Bedeutungsnuancen verloren gehen. Da die Englischkenntnisse der Deutschen ein ziemlich gutes Niveau aufweisen, kann nicht von der Gefahr gesprochen werden, die deutschen Muttersprachler verstehen ihre eigene Sprache nicht mehr (siehe Kap. 1.5). Es kann auch nicht nachgewiesen werden, „dass deutsche Wörter generell durch englische ersetzt werden und damit verloren gehen […]. Nur bei einer Handvoll Wörter gibt es unmittelbare deutsche Entsprechungen – und selbst bei diesen sind immer Zusatzbedeutungen im Spiel" (ebenda 39). Treffend und einleuchtend werden die Verdeutschungsversuche von Muhr (Muhr/Kettemann 2004: 43) resümiert:

> „Damit ist auch die Hypothese ungültig, die allen derartigen Verdeutschungsversuchen implizit zugrundeliegt: Deutsche Ausdrücke seien „verständlicher" und daher „besser" als englische, weil man als „muttersprachlicher" Sprecher durch die Kenntnis der Sprache zum deutschen Ausdruck einen besseren Zugang habe. Man kann dem entgegenhalten: Das gilt nur, wenn der Inhalt des Ausgangswortes korrekt wiedergegeben wurde / wiedergebbar ist, die Bildung der Ersatzwörter auf allgemein gebräuchliche Bausteine zurückgreifen kann und nur wenige Entsprechungen notwendig sind, um den Inhalt des Ausgangsworts widerzugeben."

Ich schließe mich in meinen Überlegungen bezüglich der Verdeutschungsversuche der Feststellung von Muhr an. Wenn die jeweilige Sprache über ein exaktes Synonym des Fremdwortes verfügt und nur Imponiergehabe und Aufmerksamkeitserregung Gründe für die Verwendung des Fremdworts sind, dann sollte der gemeinte Sachverhalt doch lieber mit den vorhandenen sprachlichen Mitteln der jeweiligen Sprache ausgedrückt werden. Wenn aber die entlehnten Einheiten eine Art Bereicherung der Nehmersprache darstellen, ist ihr Dasein durchaus berechtigt. „Mit der Aufnahme neuer, zusätzlicher Wörter, die in dieselbe Bedeutungsnische fallen, verändert sich ihre Bedeutung, sie wird differenzierter und so auch präziser" (ebenda 59). Solche bedeutungsdifferenzierenden fremdsprachlichen Einheiten zu verdeutschen ist somit sowohl aus kommunikativer als auch aus pragmatischer Sicht vollkommen sinnentleert.

Darüber hinaus muss in Betracht gezogen werden, dass Fremdwörter dem Sprachwandel in gleicher Weise wie alle anderen Bestandteile des Wortschatzes unterliegen. Mit der Zeit kommen viele außer Mode, werden völlig vergessen und schließlich verschwinden sie aus dem allgemeinen Sprachgebrauch. Infolge der gesellschaftlichen Entwicklung kann ihre Bedeutung aber auch modifiziert werden, sie können ganz neue Bedeutungen annehmen oder ihre Schreibung bzw. Lautung wird geändert. Im letzten Fall überschreiten sie die fließende Grenze vom Fremdwort zum Lehnwort (vgl. Kapitel 1.2). All das gehört zu der natürlichen Entwicklung der jeweiligen Sprache. Will man aber Fremdwörter meiden, bedeutet das, man verzichtet bewusst auf vielfältige sprachliche Möglichkeiten. Deswegen sollten wir uns darauf verlassen, was schon vor langer Zeit Goethe mit seinem fortwährend aktuellen Zitat hervorgehoben hat: „Die Gewalt einer Sprache ist nicht, dass sie das Fremde abweist, sondern dass sie es verschlingt." Die deutsche Sprache kommt seit Jahrhunderten mit den fremden Einflüssen gut zurecht und weiß diese zu ihren Gunsten zu nutzen.

1.5 Englischkenntnisse der Deutschen

Ziemlich oft wird behauptet bzw. hört man, dass die Fremdwörter, die in der deutschen Gegenwartssprache vor allem mit Anglizismen assoziiert werden, immer häufigere Bestandteile der in der deutschen Sprache formulierten Aussagen sind, wodurch sie Verstehensprobleme bereiten. Das wird damit begründet, dass die Deutschen, vor allem die älteren, kein Englisch kennen und eben dadurch im Kommunikationsprozess benachteiligt sind. Oft sind es aber wirklich Meinungen eines engen Kreises von Sprachnutzern, und um die Gültigkeit solcher Standpunkte zu überprüfen, muss man sich auf konkrete Zahlen berufen.

Wie sieht es nun also konkret mit den Englischkenntnissen der Deutschen aus?

Die Antwort auf diese Frage ist natürlich davon abhängig, wen man fragt. Man kann sich bei der Antwort auf diese Frage auf eine Umfrage stützen, die aussagekräftige Ergebnisse bringt. Unterlegt man Ausführungen mit aussagekräftigen Fakten, ist es einfacher bestimmte Phänomene plausibel zu erklären und zu verstehen. Die Allensbacher Markt- und Werbeträgeranalyse[5], kurz AWA genannt, die auf breiter statistischer Basis Einstellungen, Konsumgewohnheiten und Mediennutzung der Bevölkerung in Deutschland ermittelt, fand im Auftrag der Gesellschaft für deutsche Sprachwissenschaft heraus, dass immerhin 63 Prozent der Bundesbürger „zumindest einigermaßen gut" Englisch sprechen und verstehen. Die Ergebnisse dieser Umfrage präsentiert die nachfolgende Statistik:

---

5   Die AWA zählt mit dem weiten Themenspektrum und den umfangreichen Ermittlungen zur Mediennutzung in den Bereichen Print, TV, Hörfunk, Internet, Kino und Außenwerbung zu den bedeutendsten deutschen Markt-Media-Studien. Sie wird seit 1959 vom Institut für Demoskopie Allensbach durchgeführt. Die im Auftrag von derzeit rund 70 Verlagen und TV-Sendern gewonnenen Ergebnisse werden jährlich im Sommer veröffentlicht. Für die AWA 2014 werden bundesweit mit mehr als 25.000 Befragten Interviews durchgeführt. Die AWA folgt dem Single-Source-Prinzip; alle Informationen werden von geschulten Interviewerinnen und Interviewern in *einem* mündlich-persönlichen Interview ermittelt. Die Ergebnisse der AWA sind repräsentativ für die deutschsprachige Wohnbevölkerung ab 14 Jahre (vgl. http://www.ifd-allensbach.de/awa/konzept/uebersicht.html, Zugriff am 26.11.2014 um 11.34).

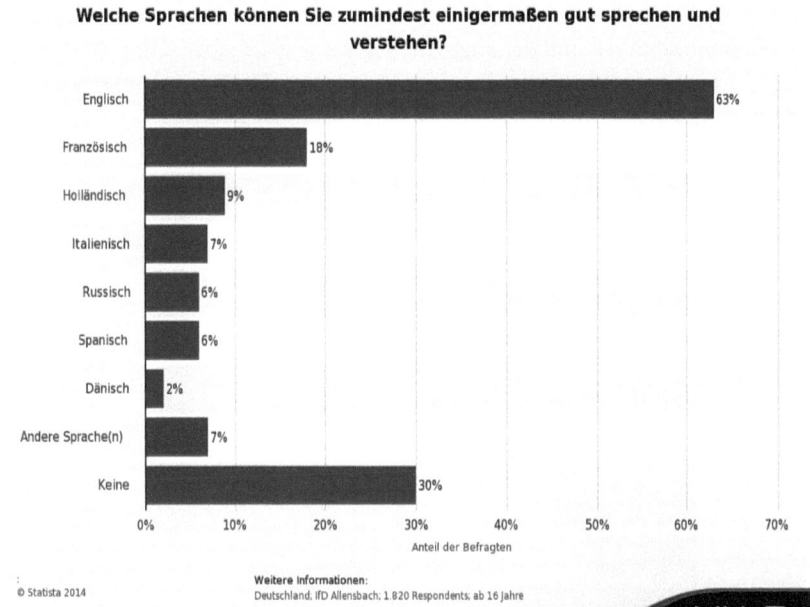

Diagramm A[6]

Die Statistik zeigt Umfrageergebnisse zur Selbsteinschätzung der Fremdsprachenkenntnisse deutscher Bürger. Nur 30 % der Befragten über 14 Jahre haben zugegeben, sie können keine Sprache zumindest einigermaßen gut sprechen und verstehen. Jedoch können immerhin 63 Prozent der Bundesbürger „zumindest einigermaßen gut" Englisch sprechen und verstehen. An der Stelle muss hinzugefügt werden, dass unter den 30 % der Befragten, die zugegeben haben, Fremdsprachen „nicht gut" sprechen und verstehen zu können, sich auch diejenigen Personen befinden, die ihre eigenen Fremdsprachenkenntnisse als „schlecht" bewertet haben, was nicht unbedingt gleich „ich kann keine Fremdsprache sprechen und verstehen" bedeuten muss. Zählt man also zusammen, sind es nur 37 Prozent, die Englisch „überhaupt nicht gut" oder „gar nicht" sprechen bzw. verstehen. Somit ist die Generalisierung, dass die Fremdwörter – meistens werden hier Entlehnun-

---

6 Quelle: © Statista 2014: http://de.statista.com/statistik/daten/studie/1138/umfrage/fremdsprachenkenntnisse/ (Zugriff am 21.11.2014 um 13.57).

gen aus dem Englischen gemeint – den Deutschen Verstehensprobleme bereiten, da sie kein Englisch können, eine Argumentation, die zu Fehlschlüssen führt.

Die Bundesbürger sind der englischen Sprache gegenüber sehr positiv eingestellt. Fast neunzig Prozent der Bundesbürger (genau 88 %) würden gerne perfekt Englisch sprechen:

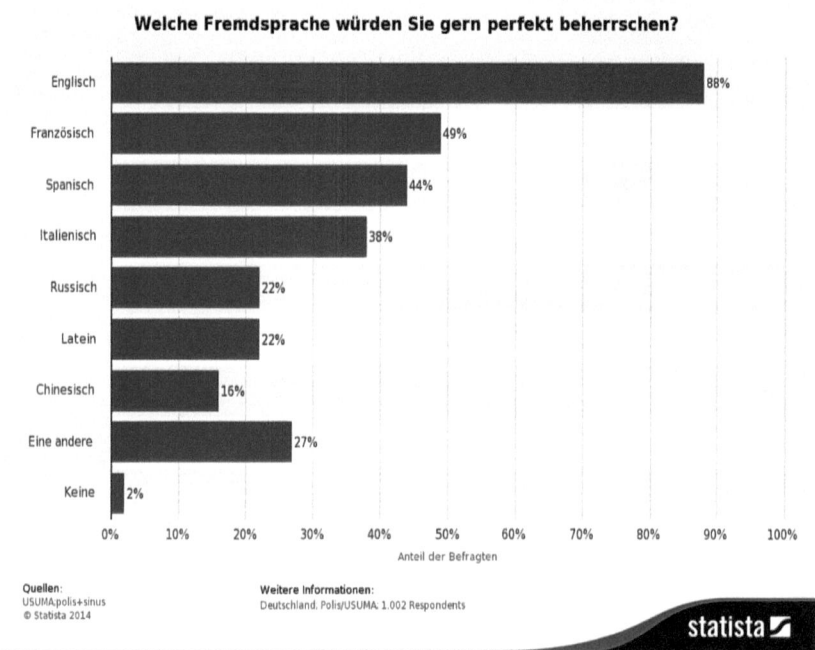

Diagramm B[7]

Die vorangehenden statistischen Angaben sind wichtig, da es ein indirekter Hinweis darauf sein könnte, dass die Bundesbürger an der englischen Sprache derart interessiert sind, dass sie sie bereits lernen oder zumindest lernen wollen. Daher kann weiter vermutet und geschlussfolgert werden, dass die deutschen Muttersprachler die Entlehnungen aus dem Englischen doch nicht als Eindringlinge in ihre Muttersprache betrachten, sondern eher mit einer positiven Erscheinung assoziieren. Wenn man etwas lernen will – in dem Falle eine Fremdsprache – kon-

---

7   Quelle: © Statista 2014: http://de.statista.com/statistik/daten/studie/1138/umfrage/ fremdsprachenkenntnisse/ (Zugriff am 21.11.2014 um 14.01).

notiert man das schließlich nicht mit etwas Schlechtem, negative Assoziationen Hervorrufendem.

Die Deutschen sind sich auch darüber einig, dass Englisch in der Schule oberste Priorität genießen sollte, obwohl es natürlich auch wichtig ist, andere Sprachen zu lernen. 98 % der Befragten haben Englisch als Sprache angegeben, die die Kinder in der Schule lernen sollten. Weit hinter Englisch liegen Französisch mit 48 %, Spanisch und Chinesisch jeweils mit 19 %, Latein und Russisch mit jeweils 15 %. Das Diagramm veranschaulicht die Ergebnisse der durchgeführten Umfrage:

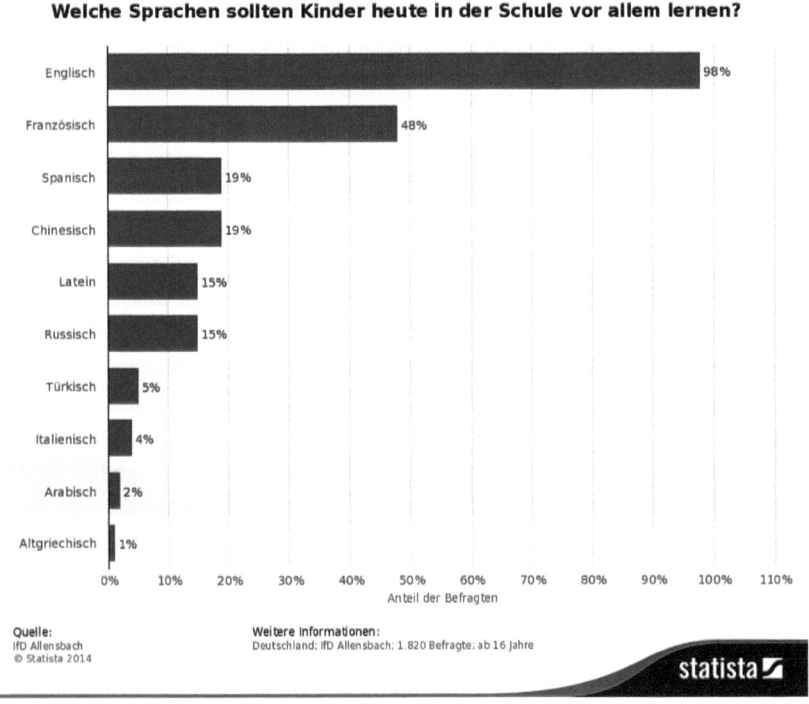

Diagramm C[8]

Aller Wahrscheinlichkeit nach wird also in der Zukunft den statistischen Angaben zufolge kein aus dem Englischen entlehntes Wort, das heutzutage noch als Fremdwort von den deutschen Muttersprachlern empfunden wird, als solches

---

8   Quelle: © Statista 2014: http://de.statista.com/statistik/daten/studie/1138/umfrage/fremdsprachenkenntnisse/ (Zugriff am 21.11.2014 um 14.00).

wahrgenommen. Dementsprechend werden sich vermutlich auch die Ergebnisse der darauf folgenden Statistik zu den Folgen der häufigeren Verwendung englischer Worte ändern. Bislang präsentieren sich die Meinungen der befragten Bundesbürger bezüglich der Folgen der immer häufigeren Verwendung der Entlehnungen aus der englischen Sprache folgendermaßen:

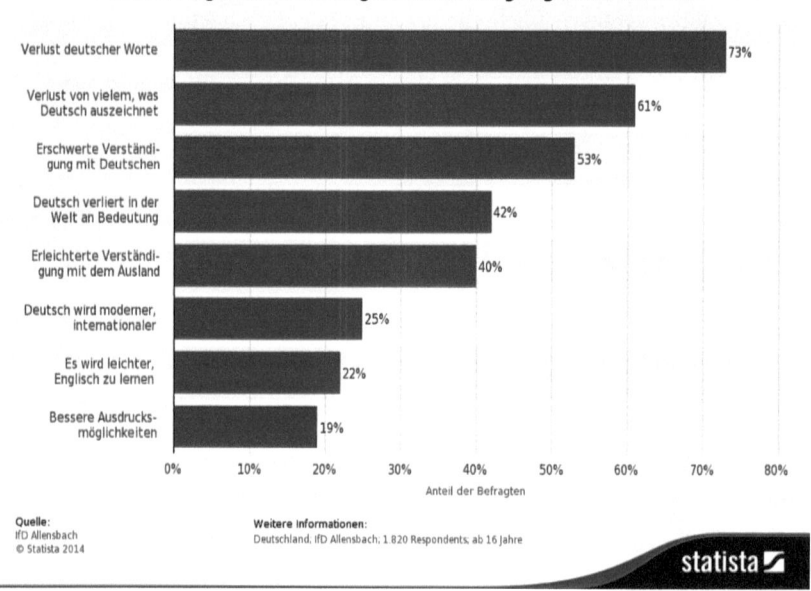

Diagramm D[9]

Die Probanden äußern sich insgesamt kritisch über die Folgen der Bezeichnung bestimmter Phänomene im Deutschen durch englische Wörter. 73 % weisen darauf hin, dass die deutschen Bezeichnungen von den englischen Bedeutungsvarianten verdrängt werden, wodurch die deutsche Sprache ihre auszeichnenden Eigenschaften, ihr in einem gewissen Sinne besonderes Kolorit verliert (61 % der Befragten). Über 53 % der Befragten repräsentieren den Standpunkt, dass die Verwendung der englischen Bezeichnungen die Verständigung zwischen den

---

9   Quelle: © Statista 2014: http://de.statista.com/statistik/daten/studie/1140/umfrage/folgen-von-anglizismen/ (Zugriff am 21.11.2014 um 14.10).

Deutschen erschwert. Wenn man diese Zahl auf die Zahl der Probanden bezieht, die „zumindest einigermaßen gut" Englisch sprechen oder verstehen (63 % der Bundesbürger haben solch eine Antwort erteilt), dann muss man überlegen, wo eigentlich die Gründe für eine solche negative Haltung liegen. Vielleicht bildet sich bei den Kommunikationsteilnehmern eine schwer zu überwindbare Barriere, wenn sie in ihrer Muttersprache Wörter aus den anderen Sprachen – vor allem aus dem Englischen – hören, die sie mit der Bedrohung für die eigene Identität assoziieren? Dies mag stimmen, denn die nächste Antwortvariante, für die sich 42 % der Probanden erklärt haben, knüpft direkt daran an, dass Deutsch – und damit wurden wohl auch Deutschland und die Deutschen gemeint – in der Welt an Bedeutung verliert. Die Sprache trägt dazu bei, Identität zu bilden, was außer Frage steht. Deswegen fühlen sich die deutschen Muttersprachler, die sich stark mit ihrem Land durch die Sprache identifizieren, von der englischen Sprache bedroht. Aber für 40 % der Probanden bedeutet die häufigere Verwendung der englischen Wörter erleichterte Verständigung mit dem Ausland. Es ist eine sehr positive Einstellung den englischen Wortschatzeinflüssen gegenüber. Die Sprecher sehen hier die positiven Folgen der Sprachmischung, da sie zur Überwindung der Sprachgrenzen führt, die in einer globalisierten Welt die letzten Barrieren der Kommunikation darstellen. Die Kommunizierenden wissen das zu schätzen. Die nächste Gruppe (25 %) ist der Ansicht, dass durch die Verwendung englischer Ausdrücke Deutsch moderner und internationaler wird. Die Entlehnungen aus dem Englischen gelangen nicht nur in die deutsche Sprache. Samt neuen technischen Erfindungen, modernen Phänomenen und Erscheinungen des 21. Jahrhunderts werden sie durch verschiedene Sprachgemeinschaften sowohl in Europa als auch in der ganzen Welt übernommen. Auf diese Art und Weise wird der Wortschatz Europas und der Welt internationalisiert, wodurch es die Kommunizierenden immer einfacher haben, sich zu verständigen.

22 % der Befragten haben bemerkt, dass die immer häufigere Verwendung englischer Wörter im Deutschen dazu führt, dass es leichter wird Englisch zu lernen. Dies ist eine sehr wichtige Feststellung, die vermuten lässt, dass die Lust am Englischlernen auch bei denen geweckt wird, die es noch nicht gelernt haben. Fast ein Fünftel der Probanden (19 %) hat auf die besseren Ausdrucksmöglichkeiten verwiesen, die infolge der Verwendung englischer Wörter im Deutschen geschaffen werden. Dieser Vorteil der Entlehnungen aus dem Englischen ist hoch zu schätzen, denn oft – auch wenn es uns scheint, es gibt im Deutschen genau diese oder jene Bedeutung des wiedergegebenen Wortes – kann der entsprechende Inhalt nur mit einer englischen Bezeichnung ausgedrückt werden, weil nur diese die bestimmte Schattierung des gemeinten Inhalts wiedergibt. Natürlich muss

man immer überlegen, wie, d. h. mit welchen Worten das Sprechvorhaben in der konkreten Kommunikationssituation am besten realisiert werden kann.

Anhand der im empirischen Teil der Studie analysierten Fragebogenergebnisse werden die hier angeführten und kommentierten statistischen Angaben weiter aufgegriffen, erörtert und begründet, aber auch in Frage gestellt.

2 Einführung in die Analyse der Fragebogenergebnisse

2.1 Untersuchungszeitraum, -ort und Beschreibung der Zielgruppen

Die Durchführung der Befragung zum Thema Hybridbildungen erfolgte mithilfe eines speziell zu diesem Zweck erstellten Fragebogens in den Monaten Juni-Juli 2013 in Deutschland in der Universität- und Hansestadt Greifswald in Mecklenburg-Vorpommern. Die Erfassung und Analyse der Beobachtungsdaten folgte in den darauffolgenden Monaten. Der Fragebogen wurde unter zwei Gruppen von Probanden verteilt.

Die erste Zielgruppe bildeten 90 Studenten des Instituts für Deutsche Philologie, genauer des Lehrstuhls für Germanistische Sprachwissenschaft der Ernst-Moritz-Arndt Universität Greifswald. Es waren Studierende des Masterstudiengangs und Lehramtsstudierende aus den Studiengängen:

- B.A. Germanistik (Bachelor)
- M.A. Sprache und Kommunikation (Master)
- Lehramt Deutsch

Die Befragten waren Studierende im 5. bis 8. Semester im Alter zwischen 20 bis 25 Jahren. Als Studierende der deutschen Sprache ist ihnen erstens das Problem des Anteils der Fremdwörter an dem Wortschatzbestand des Deutschen sowie das Phänomen der Beteiligung der fremdsprachigen Elemente an den Wortbildungen des Deutschen nicht fremd, und zweitens können sie als zukünftige Forscher und Ergründer der deutschen Sprache einschätzen, ob die Fremdwörter sowie die mit ihrem Anteil innerhalb des Deutschen gebildeten Wortbildungen angebracht oder doch eher überflüssig sind.

Die zweite Zielgruppe, unter der der Fragebogen verteilt wurde, waren 14 Lehrer und Betreuer des Montessori-Hortes in Greifswald. Der Montessori-Hort ist eine sozialpädagogische und familienergänzende Tageseinrichtung, die ausschließlich von Kindern der Montessori-Schule Greifswald besucht wird. Die Einrichtung bietet den Kindern außerhalb der Schulzeit die Möglichkeit verschiedene Lebensräume zu erobern und soziale Kontakte zu knüpfen. In enger Zusammenarbeit mit den Eltern und Lehrern werden ganzheitlich angelegte Entwicklungsmöglichkeiten in den Bereichen Bildung, Erziehung und Betreuung geschaffen. Die Montessori-Einrichtungen folgen der Maxime der italienischen Ärztin, Reformpädagogin, Philosophin und Philanthropin Maria Montessori: „Das menschliche Individuum kann sich ohne soziales Lernen nicht entwickeln."[10] Das soziale Lernen als Grundgedanke der Montessori-Pädagogik ist Bestandteil des Hortlebens und ergibt sich aus dem natürlichen Zusammensein der Kinder. Jedes Kind sammelt täglich vielfältige soziale Erfahrungen, da die offene Hortgemeinschaft entwicklungs-, alters- und geschlechtsgemischt ist. Die Förderung von Selbstbestimmung und Selbsttätigkeit der Kinder sowie das Weiterentwickeln sozialer Kompetenzen in einer Gemeinschaft sind Schwerpunkte der hier zu leistenden pädagogischen Arbeit. Die Lehrer-Betreuer unterstützen die Kinder, ihre eigenen Konflikt- und Lösungsstrategien zu finden und stärken dabei ihre Entscheidungsfähigkeit sowie Kompromiss- und Kooperationsbereitschaft. Das Alter der befragten Lehrer lag zwischen 30 und 55 Jahren. Als Lehrer sind sie sich dessen bewusst, wie wichtig es ist, sich verständlich, klar und präzise auszudrücken, und auf diese Verständlichkeit und Klarheit der Kommunikation legen sie Wert in ihrem Umgang mit den Schulkindern.

Des Weiteren war mir wichtig, dass alle Befragten deutsche Muttersprachler sind oder das ihre Sprachkenntnisse auf muttersprachlichem Niveau liegen. Die Beherrschung der englischen Sprache war für mich keine Voraussetzung bei der Verteilung des Fragebogens.

Da sich zwei Gruppen der Befragten und gleichzeitig zwei Altersgruppen herauskristallisiert haben, habe ich beschlossen, beide Gruppen in der Auswertung der Fragebogenergebnisse einem Vergleich zu unterziehen.

Die beschriebenen Gruppen von Probanden wurden gezielt und bewusst zum Objekt der wissenschaftlichen Untersuchung herangezogen. Sie wurden als Elemente einer Stichprobe herausgegriffen, um bestimmte Hypothesen bezüglich der Hybridbildungen im Deutschen überprüfen zu können. Die Sprache ist nämlich „eine reale Ausstattung eines Menschen, seine immanente Eigenschaft, genau gesagt, eine Ausstattung seines Gehirns" (Grucza S. 2011a: 23). Aber keine Sprache (Idiolekt) ist direkter empirischer Untersuchungen zugänglich, also die Beschreibung eines Idiolekts bedeutet seine Rekonstruierung, d.h. die Rekonstruierung von bestimmten sprachlichen Eigenschaften eines konkreten Sprechers/Hörers, und insbesondere das Rekonstruieren des ihnen zugrunde liegenden Wissens (vgl. Grucza S. 2011b: 152). Während der Idiolekt die Sprache eines Sprechers ist, ist der Polylekt die Sprache einer Sprachgemeinschaft, und nach Auffassung von Franciszek Grucza ist sie als Schnittmenge einzelner Idiolekte zu verstehen (vgl.

---

10 Vgl. http://www.aktion-sonnenschein-greifswald.de/monte_hort.html; http://www.montessori-hort.de/.

Grucza F. 2010: 261). Um bestimmte Schlussfolgerungen bezüglich der Sprache und somit eines konkreten Sprachphänomens – in unserem Falle der Hybridbildungen – zu ziehen, ist es erforderlich die sprachlichen Eigenschaften konkreter Sprecher zu untersuchen und zu rekonstruieren und anhand ihrer Idiolekte den allen Sprechern gemeinsamen Polylekt zu rekonstruieren, bzw. die spezifischen Eigenschaften dessen anzugeben. Eine der Möglichkeiten der empirischen Herangehensweise an die Sprache der konkreten Sprecher ist die Durchführung einer Befragung mithilfe eines Fragebogens. Auf der Grundlage der dadurch gewonnenen Daten ist es möglich die Sprache, die als eine Eigenschaft/ Entität des Gehirns eines konkreten Sprechers aufzufassen ist, zu rekonstruieren (vgl. Grucza S. 2011a: 29). Anhand der von möglichst vielen Probanden stammenden Fragebogenergebnisse können konkrete Schlussfolgerungen über das untersuchte Sprachphänomen gezogen werden.

2.2 Aufbau des Fragebogens

Ich habe die Entscheidung getroffen, während meiner empirischen Untersuchung mit einem Fragebogen zu arbeiten, weil in der Diskussion über die Form der Datenerhebung eben der Fragebogen als die best geeignete Methode erscheint, fixierte Daten zu erhalten. Durch Interviews, die als eine andere Erhebungsform gelten, könnten meiner Meinung nach Probanden beeinflusst und somit Datenerhebungen verfälscht werden (vgl. Siekmeyer 2007: 47). Den Fragebogen füllen die Probanden selbständig aus, ihnen werden keine zusätzlichen Fragen gestellt, die in einem gewissen Sinne die erteilten Antworten beeinflussen könnten. Die Probanden sind außerdem beim Ausfüllen des Fragebogens nur auf das Blatt Papier konzentriert und können ihre subjektiven Reflexionen über den Inhalt der gestellten Fragen anstellen. Aus diesen Gründen gibt diese Form der Befragung einigermaßen genaue und glaubwürdige Auskünfte über die zu erfragenden Phänomene, die dann der weiteren Analyse unterzogen werden können.

Der in der vorliegenden Untersuchung verwendete Fragebogen wird als ein Gesamtkonzept betrachtet, umfasst drei Seiten im Format DIN A4 und besteht aus der Einleitung, dem Hauptteil und dem Endteil (siehe Anhang 2). Die Konstruktion eines Fragebogens für die schriftliche Befragung erfordert mehr Sorgfalt und Vorarbeit als z. B. für ein Interview, da im Normalfall während der Befragung keine Rückfrage durch den Befragten stattfinden kann. Somit ist es wichtig, dass gleich in der Einleitung Wesentliches erklärt wird. In dem dieser Untersuchung zugrunde liegenden Fragebogen wurden gleich am Anfang Hinweise zum Untersuchungsgegenstand gegeben, es wurde weiterhin darauf verwiesen, dass die Befragung nützlich und relevant ist. Wichtig war auch, dem Befragten in klarer

Form zu übermitteln, was der Befrager mit diesem Fragebogen beabsichtigt und wie die Ergebnisse weiterverwendet werden. Mit der Erklärung, dass alle erhobenen Daten vertraulich behandelt werden, endete der Einleitungsteil. Zwischen der Einleitung und dem eigentlichen Frageteil wird die präzise Definition der thematisierten Hybridbildungen angegeben, was der besseren Rezeption dient und eventuellen Missverständnissen bezüglich des erfragten Phänomens vorbeugt. Das Fehlen einer solchen Erklärung könnte zu einem verzerrten und unter Umständen vollkommen unbrauchbaren Ergebnis führen.

Im Hauptteil kommen 14 Fragen vor. Danach folgt der Abschluss. Hier wird der Befragte zusätzlich motiviert, seine Antworten dem Befrager wieder zukommen zu lassen, was durch eine kurze Dankesformel sowie die Angabe des wissenschaftlichen Titels und des Vor- und Nachnamens des Autors erreicht wird. Anzumerken sei noch, dass in dem Fragebogen keine Fragen bezüglich des Geschlechts und des Alters der Befragten erschienen, weil diese aus Sicht des Befragers für die Ergebnisse der Untersuchung nicht relevant sind. Gleichwohl verfügt der Befrager über Informationen bezüglich des Alters der Befragten, denn diese wurden gesondert erfragt, um die Spezifik der beiden Gruppen zu charakterisieren.

Zum Erstellen des Fragebogens wurden einige Beispiele der Hybridbildungen ausgewählt, die aus dem Untersuchungskorpus stammen, das während der von Juli bis August 2011 und im August 2012 in der Universitäts- und Hansestadt Greifswald vorgenommenen Untersuchung von Werbebroschüren, Flyern und Informationsbroschüren über verschiedene Produkte und Veranstaltungen sowie von Plakaten und Postern aufgebaut wurde. Dieses Korpus diente auch als Forschungsbasis für die in der Einleitung erwähnte Studie über das Phänomen der Hybridbildungen im Deutschen (vgl. Dargiewicz 2013). Wichtig dabei ist, dass die Beispiele der Hybridbildungen aus der direkten Umgebung der Befragten stammen. Es ist nicht ausgeschlossen, dass sie auf einige von ihnen schon gestoßen sind, z. B. beim Spazierengehen in Greifswald die Lange Straße entlang, wie *Back-Factory*, oder dass sie sie öfters selbst verwenden, wie beispielsweise *Partnerschaft* oder *Outdoorkleidung*, ohne darüber nachzudenken, dass sich hier unter deutsche Wörter englische Lexeme eingeschlichen haben. Viele Probanden – das haben sie bei der Rückgabe des Fragebogens zugegeben – hat erst das von mir zu wissenschaftlichen Zwecken verwendete Fragebogenblatt darauf aufmerksam gemacht, dass die deutschen Sprecher/Hörer vor allem aus dem Englischen entlehnte Einheiten gern in die Wortbildungsprozesse mit einbeziehen und im Alltag verwenden.

3 Analyse und Auswertung der gewonnenen Daten

3.1 Methodisches Vorgehen

Die zentrale Frage der Untersuchung war, ob die Informanten akzeptieren, dass in die Wortbildungsprozesse des Deutschen entlehnte Einheiten mit einbezogen werden, oder ob sie dies als eine entbehrliche, irritierende und kommunikationsstörende Erscheinung betrachten, d. h. ob sie eher sprachpuristisch in Bezug auf dieses Sprachphänomen vorgehen.

Daher wurden zu Beginn der empirischen Analyse einige Hypothesen formuliert, die durch ihre Auswertung überprüft werden sollten. Die Gestaltung des Fragebogens hat es mir ermöglicht, mehrere Hypothesen zum untersuchten Problem aufzustellen. Von ihnen ausgehend wurde die Auswertung in Verbindung mit unterschiedlichen Faktoren vorgenommen. Im Anschluss an jede Auswertungsphase wurden die Teilergebnisse zusammengefasst und interpretiert und die Hypothese im Hinblick auf die Ergebnisse überprüft. Zum Schluss folgt eine Zusammenfassung der gesamten Ergebnisse.

3.2 Aufstellung von Hypothesen

Das Aufstellen, Begründen und Hinterfragen von Hypothesen ist ein wesentlicher Bestandteil der wissenschaftlichen Forschung. Auch während der Planung der empirischen Untersuchung, deren Werkzeug der Fragebogen ist, werden zahlreiche Hypothesen formuliert, die dann im Rahmen der Untersuchung überprüft werden. Als zugespitzte und oft kontroverse Behauptungen bedürfen diese einer argumentativen Begründung. Sie können sich zwar auf Fakten oder Tatsachenbehauptungen stützen, enthalten aber eher Interpretationen dieser Fakten, Meinungen darüber oder stellen Zusammenhänge zwischen den Fakten her. Hypothesen dienen dazu, einem Beitrag, einer Studie innerhalb eines breiteren Themenfeldes einen Fokus zu verleihen. Thesengeleitete Arbeiten sind stärker argumentativ und weniger darstellend, weshalb sie sich besser dazu eignen, eine Diskussion anzuregen. So ist es auch im Falle der in dem vorliegenden Beitrag beschriebenen Untersuchung. Die am Anfang der Untersuchung formulierten Hypothesen sollen bestätigt, verifiziert, korrigiert oder widerlegt werden. Die dadurch gewonnenen Ergebnisse sollen zur Formulierung allgemeiner Folgerungen führen sowie zur Diskussion anregen, infolge deren interessante, weiterführende, zu einem Erkenntnisgewinn beitragende Forschungsperspektiven auf dem untersuchten

Gebiet eröffnet werden. Die Informanten und ihre Antworten auf die gestellten Fragen sind natürlich nur die Elemente einer Stichprobe, wodurch auch die allgemeingültige Einstellung den Hybridbildungen gegenüber nicht exakt wiedergegeben werden kann. Man kann sie auch nicht generalisieren, aber trotzdem erlaubt eine auf diese Art und Weise durchgeführte Analyse die Tendenz zu erkennen, die in der deutschen Gesellschaft herrscht, d. h. ob der Anteil der fremdsprachigen Elemente an den Wortbildungen des Deutschen auf Missbilligung stößt oder Akzeptanz findet. Die Untersuchung auf der idiolektalen Ebene erlaubt also die Schlussfolgerungen auf die polylektale Ebene zu übertragen.

Der vorliegend beschriebenen empirischen Untersuchung liegen folgende Ausgangshypothesen zugrunde:

1. Den Deutschen fallen die in ihrer Muttersprache erscheinenden fremdsprachigen Wörter – meistens Anglizismen – auf.
2. Die deutschen Muttersprachler irritiert der Gebrauch der fremden Wörter.
3. Die Deutschen schlagen die Bedeutung der unbekannten fremden Wörter nach, bzw. erfragen diese Bedeutung.
4. Die Informanten erkennen die bestimmten nativen und exogenen Bestandteile der Hybridbildungen.
5. Die Kombinationen aus fremdsprachigen und deutschen Elementen, d. h. Hybridbildungen, stören die deutschen Muttersprachler.
6. Die Deutschen würden die Bildungen vom Typ: *Back-Factory, Outdoor-Spielplatz* lieber durch eine deutsche Entsprechung ersetzen.
7. Es ist nicht notwendig so viele Wörter aus dem Englischen ins Deutsche zu entlehnen.
8. Es ist notwendig, als Deutsche/r Englisch zu kennen, um die im Gegenwartsdeutschen formulierten Aussagen zu verstehen.
9. Fremdwörter bereichern die deutsche Sprache.
10. Fremdwörter sind überflüssig.
11. Viele im Deutschen verwendete Hybridbildungen klingen fremd.
12. Die deutschen Muttersprachler können für jeden im Deutschen verwendeten Anglizismus eine deutsche Entsprechung nennen.
13. Nicht alle Deutschen können alle Aussagen, die im Gegenwartsdeutschen formuliert werden, verstehen.
14. Die Kommunikation wird nicht gestört, wenn man einige Wörter (z. B. in Form einer Hybridbildung) in einer Aussage, in einem Text nicht versteht.
15. In der Rezeption des Hybridbildungsphänomens gibt es einen Unterschied zwischen den Germanistikstudenten und den ausgebildeten, berufstätigen Lehrern/Erziehern.

3.3 Ergebnisse der Auswertung

Insgesamt hat in allen Fällen die Mehrheit der Befragten auf die gestellten Fragen eine Antwort gegeben. Wenn keine Antwort auf die gestellte Frage erschien, kann das davon zeugen, dass die Probanden entweder die Frage nicht verstanden haben oder sie die Antwort nicht formulieren konnten bzw. sie die Antwort nicht kannten.

Die Auswertung und Analyse der Untersuchungsergebnisse erfolgt chronologisch, d.h. mit der Analyse der Antworten auf die erste Frage beginnend. Es wird immer ein Vergleich zwischen den zwei Gruppen der Befragten gezogen: Germanistikstudenten vs. Montessori-Hort-Lehrer und -Betreuer. Zwecks Veranschaulichung der Untersuchungsergebnisse sowie besserer Rezeption der übermittelten Daten werden alle Zahlenergebnisse in Prozenten in den Diagrammen dargeboten. Die Diagramme, die anhand der Studentendaten erstellt wurden, werden jeweils zwecks unkomplizierten Vergleichs den Diagrammen, die anhand der Montessori-Lehrer-Daten erzeugt wurden, gegenübergestellt.

3.3.1 Analyse der 1. Fragebogenfrage

Die erste Frage ist eine geschlossene Frage. Die beiden der Befragung unterzogenen Gruppen haben hierzu folgenden Standpunkt eingenommen.

Germanistikstudenten:

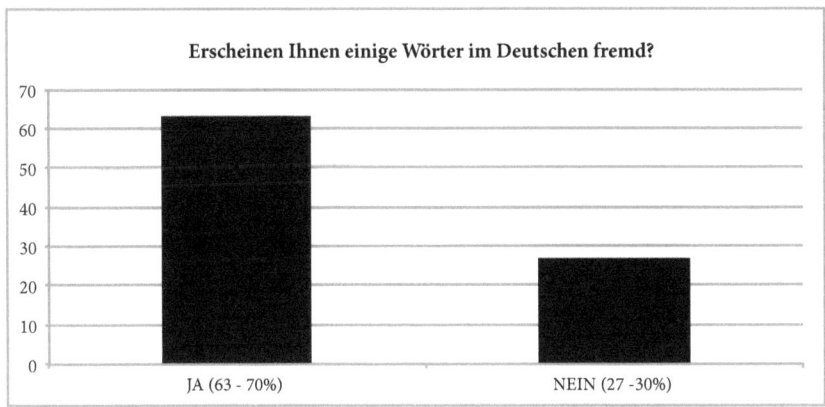

Diagramm Nr. 1.1[11]

---

11 In jedem Diagramm wird immer in Klammern zuerst die Personen- und dann (nach dem Bindestrich) die Prozentzahl angegeben.

Montessori-Hort-Lehrer und -Betreuer:

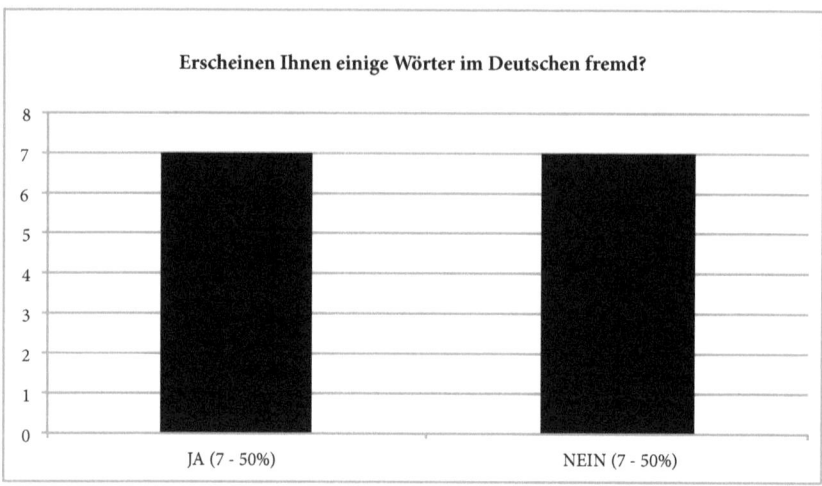

Diagramm Nr. 1.2

Als Haupthypothese zu der ersten Fragebogenfrage wurde von mir angenommen, dass den Deutschen die in ihrer Muttersprache erscheinenden fremdsprachigen Wörter – meistens Anglizismen – auffallen. Die Mehrheit der Germanistikstudenten (70 %) hat zugegeben, dass sich im Deutschen Wörter fremdsprachiger Herkunft erkennen lassen. Im Falle der Lehrergruppe waren die Meinungen geteilt. Dies kann dadurch erklärt werden, dass viele Befragte durch ihre Fremdsprachenkenntnisse für die in der deutschen Gegenwartssprache erscheinenden fremd klingenden Wörter sensibilisiert worden sind, wodurch sie ihnen Beachtung schenken, bzw. sie schnell unter den deutschen Formulierungen herausfinden. Auf der anderen Seite können die Fremdsprachenkenntnisse das Gespür für die Fremdheit schwächen, weil das Verstehen ohnehin nicht beeinträchtigt wird. Somit hat sich die zu der ersten Frage aufgestellte Hypothese zum Teil bestätigt. Die Annahme war, dass der überwiegenden Anzahl der Informanten die Fremdheit einiger Bezeichnungen auffällt. Insgesamt weisen die Umfrageergebnisse auf die Richtigkeit der Hypothese hin.

3.3.2 Analyse der 2. Fragebogenfrage

Die zweite Fragebogenfrage ist ebenfalls eine geschlossene Frage. Die Ergebnisse der Auswertung stellen sich hierzu wie folgt dar:

Germanistikstudenten:

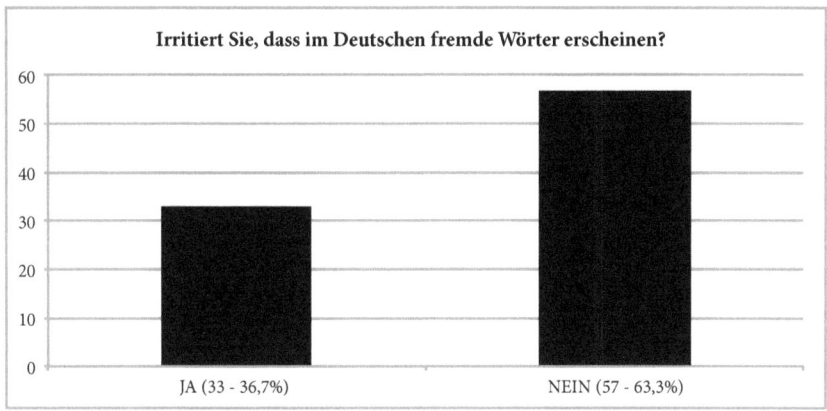

Diagramm Nr. 2.1

Montessori-Hort-Lehrer und -Betreuer:

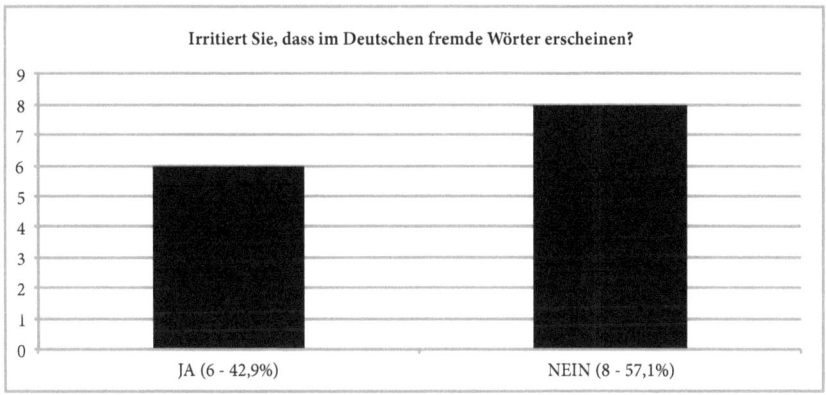

Diagramm Nr. 2.2

Die Sprachpuristen und Fremdwortjäger bringen öfters die Kritik zum Ausdruck, dass durch die Einverleibung von Fremdwörtern und Entlehnungen der deutschen Sprache geschadet wird, worauf bereits in dem theoretischen Einführungskapitel zu dieser Studie eingegangen wurde. Sprachpfleger wollen ihre Muttersprache vor fremden Einflüssen schützen und fürchten vor ihrem Verfall. Die Ergebnisse der zu Zwecken dieser Studie durchgeführten Untersuchung spiegeln die Meinung der wirklichen, einfachen Sprachnutzer wider, die im Großen und Ganzen die Ängste der Sprachpuristen nicht teilen. Die Mehrheit der Informanten – 63,3 % der Germanistikstudenten und 57,1 % der Lehrer – ist nicht davon irritiert, dass in ihrer Muttersprache fremde Wörter erscheinen. Die Befürchtungen der Beschützer der deutschen Sprache vor dem verderblichen Einfluss des Fremden sind den mithilfe des Fragebogens gewonnenen Erkenntnissen nach verfehlt. „Die deutsche Sprache ist kein invariantes, für alle Zeiten festgelegtes, von den Sprechern unabhängiges Objekt, sondern ein anpassungsfähiges Kommunikationsmittel, und muttersprachliche Sprecher sind fähig, sie nach ihren empfundenen Bedürfnissen weiter zu entwickeln. Wenn sie nicht mehr imstande wären, auf diese Weise die Sprache immer wieder nach den ihnen in der Struktur der Sprache zur Verfügung stehenden Mitteln neu zu gestalten, dann wäre die Sprache tatsächlich tot" (Durrell 2011: 181). Die Umfrageergebnisse weisen darauf hin, dass sich die Sprechenden dessen bewusst sind, dass die Sprache die Eigenschaft ihres Gehirns (vgl. F. Grucza 1983, 1993, 2010), ein Mittel ist, das sie selbst im Griff haben und nach ihren eigenen Bedürfnissen gestalten können. Wenn sie von irgendwelchen Erscheinungen in der Sprache irritiert sind, dann müssen sie sich dessen bewusst sein, dass diese von ihnen als Sprachentwickler abhängig sind, also sie müssten dann über ihre eigenen Fehler und Entscheidungen bezüglich der von ihnen gewählten Ausdrucksmittel irritiert sein. Meine Untersuchungshypothese hat sich somit nicht bestätigt. Die meisten deutschen Muttersprachler irritiert der Gebrauch der fremden Wörter nicht. Für die Mehrheit der Befragten ist es keine Erscheinung, die sie verunsichert.

3.3.3 Analyse der 3. Fragebogenfrage

Die nächste, die dritte Fragebogenfrage ist nochmals eine geschlossene Frage. Die Probanden haben folgende Stellung zu dem gestellten Problem genommen:

Germanistikstudenten:

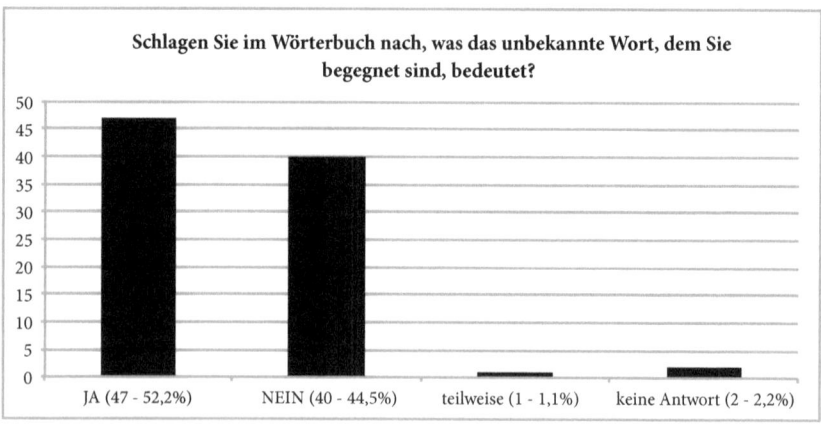

Diagramm Nr. 3.1

Montessori-Hort-Lehrer und -Betreuer:

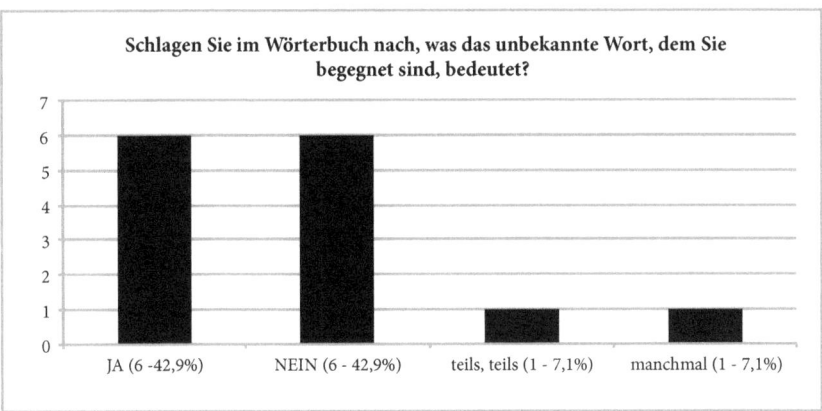

Diagramm Nr. 3.2

Im Falle der dritten Frage sind die Meinungen der Informanten geteilt. Eigentlich kann hier – abgesehen von der in beiden Informantengruppen auftretenden Prozentzahl der Antworten, die aus dem Rahmen fallen (teilweise: 1 Befragter; keine Antwort: 2 Befragte; teils, teils – 1 Befragter; manchmal: 1 Befragter) – verallgemeinert werden, dass die Hälfte der Befragten das unbekannte Wort im Wörterbuch oder in einem anderen Nachschlagewerk prüft. Viele bevorzugen es heutzutage, unbekannte Wörter nicht mehr in einem traditionellen Wörterbuch nachzuschlagen, sondern diese direkt im Internet in Online-Wörterbücher einzugeben und deren Inhalt hier zu erforschen. Durch diese Vorgehensweise werden Unsicherheiten bezüglich der Bedeutung bestimmter Wörter geklärt, was zum weiteren, richtigen Gebrauch des fremden Wortes bzw. Ausdrucks führt. Aus den Umfrageergebnissen ist es darüber hinaus ersichtlich, dass die andere Hälfte der Probanden unbekannte Bedeutungen und Auslegungen verschiedener Wörter nicht zu klären pflegt. Dies resultiert daraus, dass zahlreiche fremde Elemente einerseits als nicht mehr fremd empfunden werden, weil sie sich im Deutschen schon vor längerer Zeit etabliert haben und beliebige Wortbildungskonstruktionen eingehen (vgl. Dargiewicz 2013: 264 ff.). Andererseits kommen fremde Wörter sehr oft im Werbekontext vor, wo häufig der Text von dem Bild begleitet wird. Sein Beitrag zur Semantik und zum Verständnis des fremden Elements ist in vielen Fällen von unschätzbarem kommunikativem Wert. Dank der bildlichen Unterstützung des mit fremden Wörtern oder Wortteilen (wie im Falle der thematischen Hybridbildungen) gespickten Textes sowie des die Kommunikationssituation begleitenden Kontextes ist die Mitteilung verständlich und einleuchtend (vgl. Dargiewicz 2013: 267). In solch einer Situation ist das Nichtverstehen kein Anreiz, den in der Botschaft vorkommenden Ausdruck im Wörterbuch bzw. im Internet nachzuschlagen. Die am Anfang der Untersuchung aufgestellte Hypothese, dass die Deutschen die Bedeutung der unbekannten fremden Wörter nachschlagen bzw. erfragen, mag daher teilweise stimmen. Allerdings muss man sich dessen bewusst sein, dass die Kommunikation oft von verschiedenen anderen Mitteln außer Wörtern unterstützt wird, und häufig das Bild, die Geste, der Kontext die rätselhafte Bedeutung des verwendeten fremden Wortes klärt. Aus diesem Grund braucht ein normaler Kommunikationsteilnehmender nicht mehr nach einem Wörterbuch zu greifen oder im Internet zu recherchieren.

3.3.4 Analyse der 4. Fragebogenfrage

An die vierte, diesmal eine offene Frage: *Welche Teile der erwähnten Wörter sind Ihrer Meinung nach fremd? (Unterstreichen Sie bitte den fremden Teil des Wortes)* wurde von den Probanden, obwohl dies ziemlich viel Arbeit verlangte, mit vollem Engagement herangegangen. Richtig – obwohl nicht alle es getan haben – wurden die fremden Teile der hybriden Wortbildungen erkannt und unterstrichen. Das Ergebnis der Markierung von fremden Elementen der im Fragebogen enthaltenen Hybridbildungen stellt sich wie folgt dar:

Spielkonsole, Computerlehrgang, recyclingfähig, talkshowartig, herumshoppen, Citylauf, Back-Factory, Partnerschaft, Service-Dienst, Kinderbuggy, Outdoor-Kleidung, Wellnessinsel, Strandfeeling, Bowlingzentrum, Runningmütze, Workout-Pause, Wundpflege-Set, Teeshop, Shopping-Wochenende, Preis-Check, Lern-Coaches, hochhieven, Bio-Vollverpflegung, auschillen, Anti-Aging-Mittel, sich auspowern, Beratungscenter. Wichtige Bemerkungen zu der Analyse der Arbeitsergebnisse der Probanden sind: In keinem Fall wurde das indigene Element als fremd eingestuft und unterstrichen. Jedoch haben nicht alle Informanten alle in den Beispielen auffindbaren Lexeme nicht deutscher Herkunft identifiziert (hier wurde überhaupt kein Teil der Hybridbildung unterstrichen). Zahlenmäßig lassen sich die Antworten der beiden Gruppen von Befragten folgendermaßen erfassen:

Germanistikstudenten:

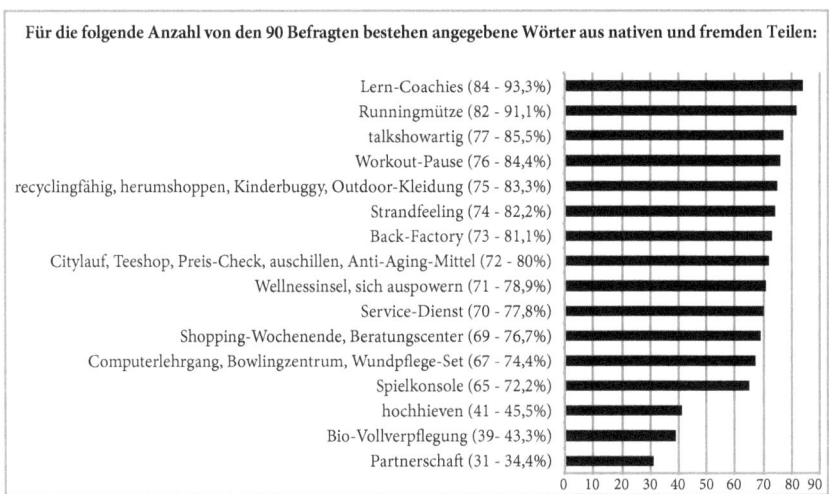

Diagramm Nr. 4.1
Welche Teile der erwähnten Wörter sind Ihrer Meinung nach fremd?

Die Germanistikstudenten haben die fremden Teile der exemplarischen Hybridbildungen in den meisten Fällen feststellen können. Mit Vorbedacht wurden in die Liste der Fragebogen-Hybridbildungen Wörter aufgenommen, die im Deutschen teils fest etabliert sind und teils sich als Neubildungen im allgemeinen Sprachgebrauch durchsetzen. Weniger als 50 % der Befragten haben markiert, dass die Mischbildungen *Partnerschaft* (34,4 %), *Bio-Vollverpflegung* (43,3 %), *hochhieven* (45,5 %) aus fremden und nativen Elementen bestehen. Es zeugt davon, dass die Integration der an diesen Hybridbildungen teilnehmenden fremden Elemente im Deutschen stark vorangeschritten ist. Resümierend kann festgestellt werden, dass viele exogene Lexeme in die Wortbildungsprozesse innerhalb des Deutschen einbezogen werden und ihre fremde Herkunft immer seltener von den deutschen Muttersprachlern erkannt wird. Es hängt natürlich von der Verbreitung solch einer Bildung sowie von der Häufigkeit ihres Gebrauchs ab, denn wie an den anderen Beispielen zu sehen ist, wird die fremde Herkunft eines Teils der präsentierten Hybridbildungen von den meisten Probanden wahrgenommen: *Spielkonsole* (72,2 %), *Strandfeeling* (82,2 %), *Runningmütze* (91,1 %), *Lern-Coachies* (93,3 %), um nur einige Belege aus dem Diagramm hervorzuheben.

Vergleichbar präsentieren sich die Umfrageergebnisse der Montessori-Lehrer:

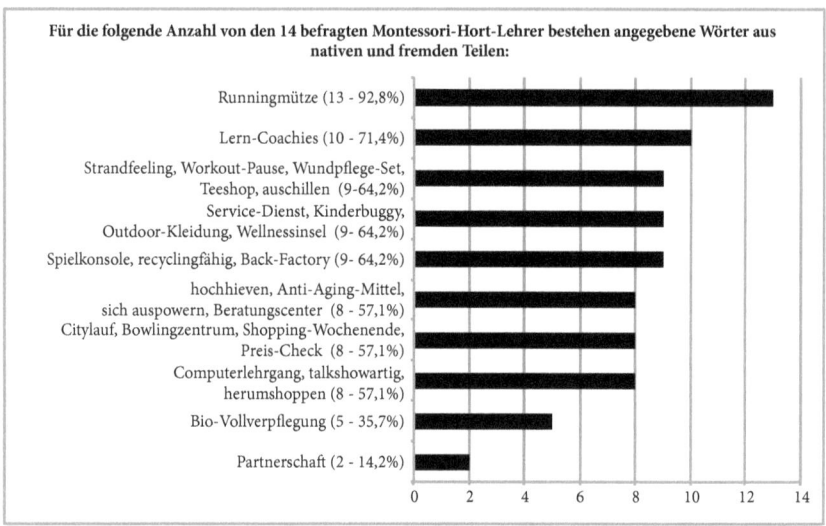

Diagramm Nr. 4.2
Welche Teile der erwähnten Wörter sind Ihrer Meinung nach fremd?

Partnerschaft (14,2 %) und *Bio-Vollverpflegung* (35,7 %) werden ähnlich wie im Falle der Germanistikstudenten nur von wenigen Informanten als aus fremden und nativen Elementen bestehende Bildungen registriert. *Lern-Coachies* (71,4 %) und *Runningmütze* (92,8 %) wurden von den meisten Probanden als indigen-fremde bzw. fremd-indigene Gebilde wahrgenommen und befinden sich wiederum an der Spitze des Diagramms. Die der vierten Frage des Fragebogens vorangestellte Hypothese Nummer 4 hat sich bestätigt. Die Informanten erkennen die bestimmten nativen und exogenen Bestandteile der Hybridbildungen, es sei denn, dass bestimmte fremde Lexeme sich in der deutschen Sprache so assimiliert haben, dass sie von den Sprechenden nicht mehr als fremd wahrgenommen werden, und dies sowohl wenn sie als alleinstehende Lexeme als auch als Teile der hybriden Bildungen auftreten.

3.3.5 Analyse der 5. Fragebogenfrage

Die fünfte Frage ist eine geschlossene Frage, bei der nach der Entscheidung für eine Antwort nach der Begründung für die gewählte Variante gefragt wird.

Die Probanden werden hier in Anknüpfung an Frage Nummer 4 aufgefordert zu deklarieren, ob die Hybridbildungen als nativ-fremde bzw. fremd-native Wortverbindungen sie stören. Es hat sich folgendes Antwortspektrum ergeben:

Germanistikstudenten:

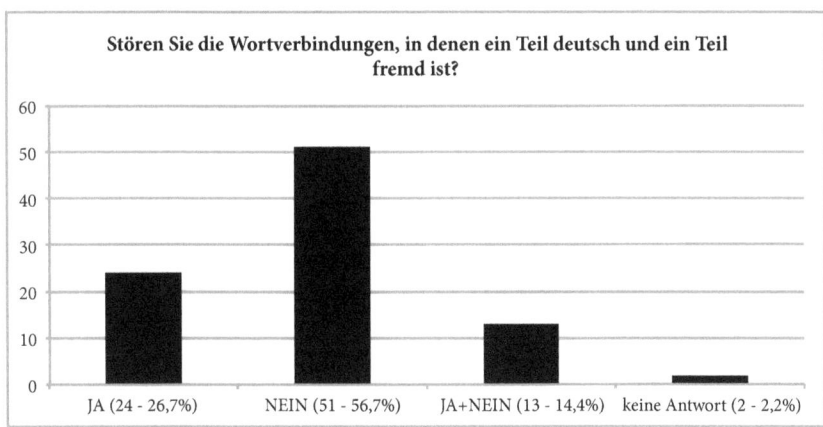

Diagramm Nr. 5.1

Montessori-Hort-Lehrer und -Betreuer:

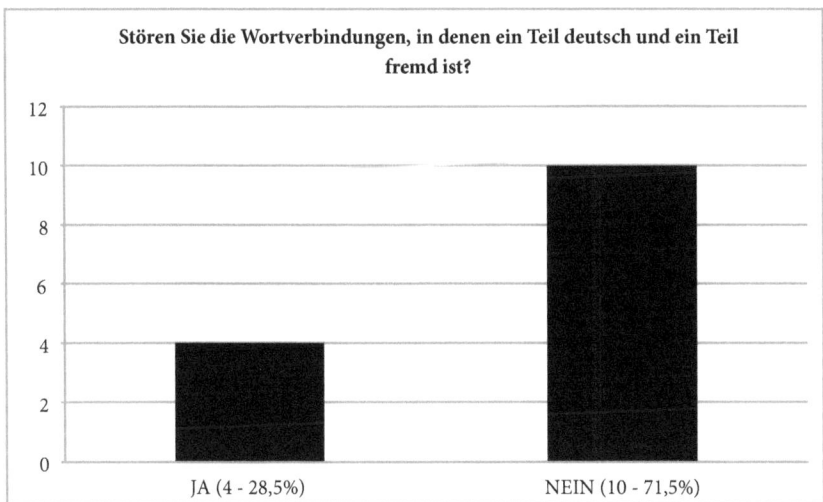

Diagramm Nr. 5.2

Im Falle der Studenten wurde das Antwortspektrum von ihnen selbst erweitert: außer der zwei konkreten Antworten JA und NEIN, auf die der Gefragte fixiert wurde, haben zwei Personen (2,2 %) auf diese Frage keine Antwort gegeben und 13 Befragte (14,4 %) sich sowohl für die Antwort JA als auch NEIN entschieden, was von dem Befrager als `manchmal ja und manchmal nein` interpretiert wird. Die Lehrer haben sich auf die möglichen Antwortmöglichkeiten begrenzt.

Hypothese 5 wurde anhand der in der Fachliteratur vorkommenden Meinungen zum Thema der Entlehnungen und Anglizismen sowie ihrer Rolle in der deutschen Sprache formuliert, und sie besagt, dass Kombinationen aus fremdsprachigen und deutschen Elementen, d. h. Hybridbildungen, deutsche Muttersprachler stören.

Die Untersuchungsergebnisse sind trotz der Erwartung anders ausgefallen. Die überwiegende Zahl der Probanden (Studenten – 56,7 %, Lehrer – 71,5 %) hat nämlich erklärt, dass nativ-fremde Wortverbindungen sie nicht stören. Diejenigen, denen deutsch-fremde Gebilde missfallen, sind in der Minderheit: Studenten – 26,7 %, Lehrer – 28,5 %. Die Antworten der Studenten, die die Antworten JA+NEIN gewählt haben (14,4 %), ändern nicht viel an der Tatsache, dass fremde Elemente, die in die Wortbildungsprozesse des Deutschen integriert werden, die Rezeption der infolge dieser Prozesse entstehenden Hybridbildungen nicht beeinträchtigen.

Nach der Beantwortung der Frage wurden die Argumente für die jeweilige Variante vorgebracht. Die Germanistikstudenten haben ihre JA-Antwort folgendermaßen begründet:

Die Wortverbindungen, in denen ein Teil deutsch und ein Teil fremd ist, stören mich, weil:

- „sie teilweise unschön klingen; man benutzt sie, weil man einfach nur „hip" sein will, obwohl es ein gutes integriertes Wort dafür gibt;
- teilweise einfach der deutsche Begriff genutzt werden könnte, dann klängen die Worte weniger lächerlich;
- man sie genauso gut mit deutschen Wörtern benennen kann;
- sie auch mit deutschen Wörtern gebildet werden könnten;
- (teilweise) entsprechende Bedeutung auch im Deutschen zur Verfügung stünde und da insbesondere ältere Menschen oft Probleme mit dem Verstehen haben;
- manche durch einfache deutsche Wörter ersetzt werden können!;
- sie einen irritieren und *teilweise* im Alltag aufhalten;
- es teilweise unnötige Verbindungen sind, wie *Wellnessinsel* etc.;
- es durchaus Möglichkeiten im Deutschen gibt, dieses zu umgehen;
- sie manchmal undeutlich, unklar sind;

- ich finde, dass die Kombination von deutschen und englischen Wörtern komisch klingt;
- die deutsche Sprache oftmals in der Lage ist, selbst solche Wörter zu bilden;
- es oftmals irreführend für ältere Menschen ist und es eine deutsche Entsprechung dafür gibt;
- es Menschen bestimmten Alters oder bildungsferner Schichten unter Umständen vom Verständnis ausschließt;
- sie als selbstverständlich hingenommen werden und die deutsche Sprache damit in den Hintergrund tritt;
- es genug deutsche Wörter gibt, die diese fremden Wortbestandteile ersetzen könnten;
- sie manchmal so mit dem Deutschen vermischt werden, dass man sie auch kaum noch der ursprünglichen Sprache zuordnen kann;
- viele englische Wörter „verdeutscht" wurden;
- ich hier folgende Gefahr sehe, d.h. Verlust der deutschen Sprache durch Mischung;
- man Englischkenntnisse dazu braucht, um diese Wörter zu verstehen;
- ich denke, dass es auch deutschsprachige Äquivalente dafür gibt;
- man für gleiche Bezeichnungen auch deutsche Wörter verwenden könnte/ sollte;
- es sich für mich nicht ästhetisch anhört bzw. aussieht; außerdem entstehen Bedeutungsverschiebungen, ggf. Unverständnis;
- die unterstrichenen Wortverbindungen zu konstruiert erscheinen und das Verständnis eher behindern;
- sie z.T. ganz einfach durch vorhandene deutsche Wörter ausgedrückt werden können (beispielsweise *Shop*) und scheinbar nur deshalb verwendet werden, um besonders modern zu klingen; oder sie sind überflüssig/ unpassend, weil sie sich beispielsweise doppeln, z.B. *Service-Dienst*"[12].

Zur Begründung der Antwort NEIN wurden von den Studenten folgende Argumente angeführt:

Die Wortverbindungen, in denen ein Teil deutsch und ein Teil fremd ist, stören mich nicht, weil:

- „sie zum Alltag gehören und ich dennoch weiß, was damit gemeint ist;
- man sich bereits an sie gewöhnt hat; Wörter wurden verinnerlicht;

---

[12] Die Antworten der Probanden wurden wortwörtlich angegeben, deswegen wurden sie von der Autorin in Anführungszeichen gesetzt.

- man sich an sie gewöhnt hat und sie mittlerweile normal geworden sind;
- die Übernahme bestimmter Wörter und Wendungen normal ist. Das gehört zum Sprachwandel und zur Globalisierung;
- deren Bedeutung bekannt ist;
- die Worte nicht mehr neu sind, sondern im Sprachgebrauch alltäglich verwendet werden; viele solche Wörter haben sich schon in alltäglichen Gesprächen integriert;
- man überall damit konfrontiert wird;
- Sprache sich entwickeln darf (im angemessenen Rahmen);
- man stets ableiten kann, was diese bedeuten und man damit aufwächst;
- sich Sprache erstens verändert und zweitens ich spreche Englisch, und somit die meisten derart Verbindungen sowieso verstehe;
- sie schnell in Sprach- und Verstehenshorizont eingehen;
- mittlerweile der Wortschatz so weit erweitert ist, dass man viele Wörter versteht;
- Sprache nicht feststeht und durch kulturelle Entwicklungen schon immer beeinflusst wurde und wohl auch immer beeinflusst wird;
- Sprache dynamisch ist und sich stets im Wandel befindet;
- sie bereits grammatikalisiert sind;
- Sprache vielfältig ist;
- sie trotzdem verständlich sind;
- die deutsche Sprache stetig im Wandel ist und Wortneubildungen dazu gehören, auch wenn sie aus entlehnten Elementen bestehen;
- sie fast vollständig in die deutsche Sprache assimiliert wurden;
- sie fast überall auftauchen;
- ich sie kenne und verwende;
- sie meistens international sind;
- ich daran gewöhnt bin;
- es oft keine wertenden deutschen Wörter dafür gibt; manchmal muss es eben „neu" sein;
- ich fast alle diese Fremdwörter bereits kenne (und Fremdsprachenkenntnisse erleichtern das Verstehen);
- sich mehrere Wörter in einigen Sparten (z. B. Fitness) bereits etabliert haben;
- das „normaler" Sprachwandel ist;
- der Austausch bzw. die Vermischung mit anderen Sprachen ein natürlicher Prozess ist;
- es zur Sprache dazugehört;

- sie in dem allgemeinen Sprachgebrauch gebraucht werden und größtenteils nicht mehr fremd erscheinen;
- Globalisierung, Sprachgebrauchswandel unsere Wirklichkeit sind;
- Sprachen immer von anderen Sprachen beeinflusst werden; was sich etabliert hat, erfüllt seinen Zweck;
- viele Wörter bereits normal im Sprachgebrauch sind und mir zudem viele englische Wörter aus diesen Verbindungen bekannt sind;
- sie schon im Sprachgebrauch verankert sind;
- sie trotz allem verständlich sind, spätestens wenn man den Kontext kennt;
- gerade durch den universellen Kontext Fremdwörter in der Sprache zur Normalität geworden sind;
- Sprache vielfältig ist;
- man die meisten Wörter im Kontext versteht und viele Bedeutungen, z. B. durch die Werbung, visuell verdeutlicht werden;
- sie im Alltag Gebrauch finden und bekannt sind;
- man sich die Wortbedeutung erschließen kann;
- Anglizismen bzw. Pseudo-Anglizismen in unserem Alltag geläufig sind und man diese aus vielen Bereichen, z. B. der Werbung kennt;
- ich mich mit den Entlehnungen aus der englischen Sprache ziemlich gut auskenne;
- ich mich daran gewöhnt habe; es oft Wortspielereien sind, die bestimmte Kommunikationsziele zu erfüllen haben;
- sie mir zum größten Teil eben nicht fremd sind;
- die meisten durch vorhandene Fremdsprachenkenntnisse kontextuell nachvollziehbar sind und einer Integration in die deutsche Sprache nichts entgegen spricht;
- es in der heutigen Gesellschaft schon sehr integriert ist;
- durch Sprachwandel zunehmend, z. B. englische Wörter in die deutsche Sprache einfließen (normaler Sprachwandelprozess meiner Meinung nach);
- sie mittlerweile größtenteils im Deutschen etabliert sind; jedoch ich denke, dass vor allem die ältere Bevölkerung diverse Probleme mit dem Verstehen haben könnte".

Die Germanistikstudenten, die sich sowohl für die Antwort JA als auch für die Antwort NEIN entschieden haben (also mit dem Kofferwort JEIN einer endgültigen Entscheidung für eine der Antworten ausgewichen sind), haben ihrer Wahl folgende Begründungen angeschlossen[13]:

Tabelle 5.3

Die Wortverbindungen, in denen ein Teil deutsch und ein Teil fremd ist, stören mich:	Die Wortverbindungen, in denen ein Teil deutsch und ein Teil fremd ist, stören mich nicht:
„weil sie manchmal zur Unverständlichkeit führen können, bei z.B. Berufsbezeichnungen und wenn sie unnötig sind wie z.B. „Runningmütze" – da ist Laufmütze wesentlich kürzer auszusprechen;"	„weil sie die Sprache in gewisser Hinsicht voran bringen; ich finde manche Wortverbindungen sehr kreativ und sie bereichern den Wortschatz; Sprache sollte nicht stagnieren, deshalb sind kreative Wortkonstruktionen für jede Sprache eine Herausforderung und gleichzeitig ein Geschenk an den Wortschatzbestand;"
„weil manche wie z.B. „Service-Dienst" mich sehr irritieren. Ich mag es nicht, wenn einfach sinnlos (Fremd-)Worte verwendet werden."	„Ansonsten stört es mich nicht."
„weil sie manchmal total unnötig sind, z.B. Lern-Coachies könnte man ganz einfach mit Lern-Lehrer übersetzen."	„weil sie manchmal die Aussage vereinfachen, verkürzen."
„Teilweise ja, da einige der genannten Wörter bereits als Lehnwörter ins Deutsche eingenommen sind und deshalb als solche wahrgenommen werden."	„weil z.B. Partnerschaft, Spielkonsole ihre Rolle in der Sprache erfüllen – solcher Art Wortverbindungen stören mich nicht."
JA+NEIN: „weil manche Wörter zu künstlich darauf ausgelegt sind, jung & modern zu wirken (beispielsweise Lern-Coachies, Strandfeeling). Andere Wörter sind schon so in der normalen Sprache aufgenommen, dass sie nicht mehr als Fremdwort gelten (Buggy)."	
„weil manche Wortverbindungen zu „extrem" sind z.B. Lern-Coachies oder Runningmütze."	„weil man daran gewöhnt ist."
„weil man es auch anders ausdrücken könnte und manches unverständlich wird."	„weil es zum Alltag dazugehört."
„weil manchen die Bedeutung unklar ist und ansonsten auch deutsche Begriffe an ihrer Stelle verwendet werden könnten."	„weil immer mehr solche Formationen auftauchen und man sich daran gewöhnt."

---

[13] Die links und rechts in der jeweiligen Zeile der Tabelle zitierten Meinungen gehören zu derselben Person.

Die Wortverbindungen, in denen ein Teil deutsch und ein Teil fremd ist, stören mich:	Die Wortverbindungen, in denen ein Teil deutsch und ein Teil fremd ist, stören mich nicht:
„weil sie nichts „Neues" bezeichnen: eine *Runningmütze* ist eine Mütze, die beim Laufen getragen wird, das „Running" wirkt unfreiwillig komisch."	„weil es seltsam wäre, Bestandteile wie „Bio" zu ersetzen."
„weil bei z. B. *„Service-Dienst"* die Bedeutung nur verdoppelt wird."	„weil sie einem ständig im Alltag begegnen und besonders in der gesprochenen Sprache, in der Werbung etc. werden sie häufig verwendet."
„Teilweise, weil manche Wörter unnötig sind, andere sich allerdings schon so „eingedeutscht" haben, dass man nicht mehr auf sie achtet."	„weil sie manches vereinfachen."
„weil ihr Inhalt mit einem deutschen Wort besser ausgedrückt wäre."	„weil sie sich in dem alltäglichen Sprachgebrauch etabliert haben."
„Teilweise JA und teilweise NEIN, weil einige diese Bildungen bereits so „eingedeutscht" sind, wie *Computerlehrgang, Wundpflege-Set* und im Falle der Anderen hört man regelrecht den englischen Wortstamm heraus, z. B. *Runningmütze, Lern-Coaches"*, was irritieren kann.	

Die Montessori-Hort-Lehrer und -Betreuer haben ihre Antworten auf Frage 4 wie folgt begründet:

Die Wortverbindungen, in denen ein Teil deutsch und ein Teil fremd ist, stören mich, weil:

- „ihre Bedeutung häufig nicht klar ist;
- wir die deutschen Bezeichnungen dadurch vergessen und wir sollen in der Sprache unseres Landes sprechen;
- was man deutsch benennen kann, sollte man auch tun. Sie stören mich aber in allen Fällen;
- wenn sie gehäuft vorkommen, wirken sie verfremdend. Einzeln stören sie mich selten."

Die Wortverbindungen, in denen ein Teil deutsch und ein Teil fremd ist, stören mich nicht, weil:

- „sie aus den Medien bekannt sind;
- man durch Medien und Kultur die meisten von ihnen immer häufiger hört;
- sie immer gebräuchlicher werden;
- sie geläufig sind und in der Gesellschaft zur Selbstverständlichkeit geworden sind;

- man sie sich eigentlich recht gut übersetzen kann;
- ich die meisten derartigen Wortverbindungen kenne und diese auch im Alltag nutze;
- ich mit diesem Sprachgebrauch aufgewachsen bin;
- viele der aufgezählten Wörter auch in meinem Alltag verwendet werden;
- ich weiß, was sie bedeuten; die gleichwertigen deutschen Wörter fühlen sich oftmals aufgesetzt und nicht anpassend an, bzw. klingen nicht so gut;
- man sich inzwischen daran gewöhnt hat."

Unter den wortwörtlich zitierten Äußerungen der Befragten überwiegen Meinungen, die darauf hinweisen, dass die entlehnten Lexeme ein wichtiger, unverzichtbarer Bestandteil des deutschen Wortschatzes und somit auch der in ihr stattfindenden Wortbildungsprozesse sind, infolge deren innerhalb des Deutschen neue Lexeme entstehen. Die deutsche Sprache kam, wie auch alle anderen Sprachen der Welt, noch zu keiner Zeit ohne Fremdwörter aus. Sie erfüllen verschiedene wichtige Funktionen im Rahmen sowohl der alltäglichen als auch der fachspezifischen Kommunikation. Aus den Aussagen der Probanden folgt darüber hinaus, dass sie sich dessen bewusst sind, dass ein Fremdwort dann nötig sein kann, wenn etwas mit nativem Wortschatz nur umständlich oder unvollkommen wiedergegeben werden kann, oder wenn man einen graduellen inhaltlichen Unterschied ausdrücken will. Die fremden Lexeme bieten außerdem die Möglichkeit unerwünschte Assoziationen zu vermeiden, ein kulturspezifisches Kolorit zu erzeugen, auf Bildungsinhalte anzuspielen, ein bestimmtes Lebensgefühl zum Ausdruck zu bringen sowie die Aussage stilistisch zu variieren oder den Satzbau zu straffen. All dies sind stilistische Funktionen, die in diversen Situationen erlauben, das Kommunikationsziel ohne weiteres zu erreichen. Die Befragten haben diese Funktionen in ihren Äußerungen angesprochen. Auch wenn einige Äußerungen über indigen-exogene Wortverbindungen, also Hybridbildungen, negativ sind, sind diese in der Minderheit. Man muss dabei in Betracht ziehen, dass anfangs fast immer etliche Sprachnutzer neuen sprachlichen Phänomenen skeptisch und misstrauisch gegenüberstehen, bis sie selbst zur Überzeugung gelangen, dass dies die natürliche Entwicklung einer Sprache und keine Bedrohung für sie ist.

3.3.6 Analyse der 6. Fragebogenfrage

Die sechste Frage hat wieder die Form einer geschlossenen Frage, bei der nach der Entscheidung für eine Antwortvariante nach der Begründung für die gewählte Antwort gefragt wird, um die Entscheidungsgründe der Befragten kennenzulernen.

Germanistikstudenten:

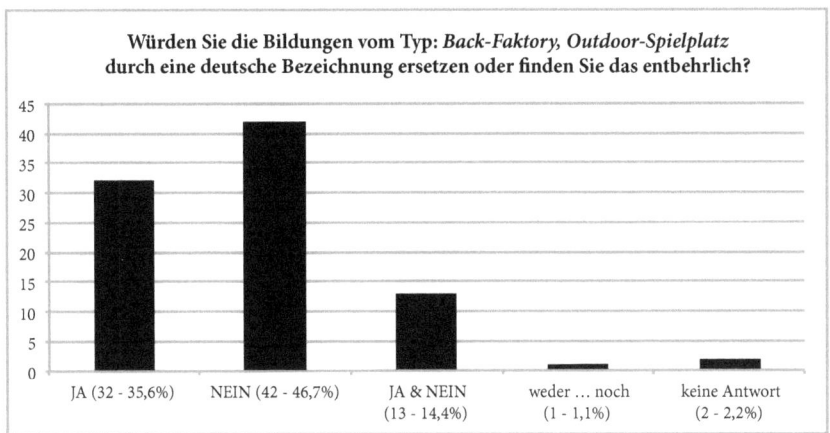

Diagramm Nr. 6.1

Montessori-Hort-Lehrer und -Betreuer:

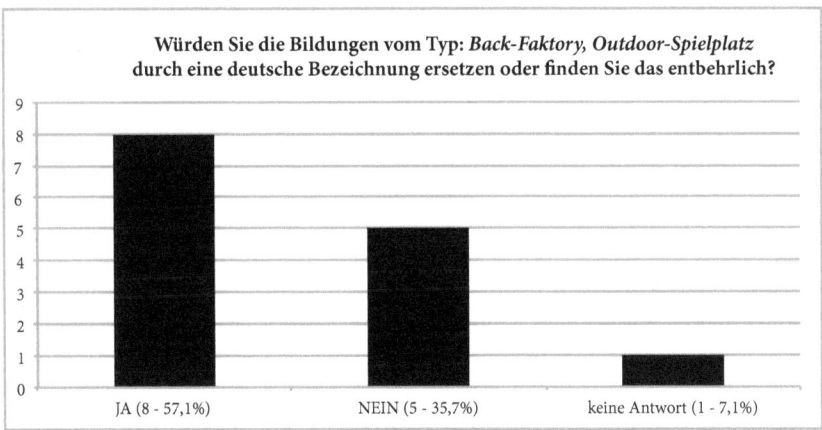

Diagramm Nr. 6.2

Die Hypothese Nummer 6, die der sechsten Frage zugrundeliegt, hat sich nicht ganz bestätigt.

Ausgenommen der Antworten, in denen sich die Befragten für nichts entscheiden konnten – `weder ... noch` – eine Antwort, `keine Antwort` – zweimal in der Studentengruppe und einmal in der Lehrergruppe – haben sich die

Antworten so verteilt, dass 35,6 % der Germanistikstudenten Bildungen vom Typ: *Back-Factory, Outdoor-Spielplatz* lieber durch eine deutsche Entsprechung ersetzen würden, aber fast die Hälfte aller Studenten (46,7 %) würde das nicht tun. 13 Probanden (14,4 % der Germanistikstudenten) haben die Frage mit sowohl ja als auch mit nein beantwortet. Es hinge wohl von der Kommunikationssituation und von der jeweiligen bestimmten hybriden Bildung ab. Im Falle der anderen befragten Gruppe ist die prozentuelle Verteilung der Antworten anders ausgefallen. Die Mehrheit, genau 57,1 % aller Lehrer würden die Bildungen vom Typ: *Back-Factory, Outdoor-Spielplatz* durch eine deutsche Entsprechung ersetzen, 35,7 % würden es nicht tun. Insgesamt kann konkludiert werden, dass sich die Antworten so verteilt haben, dass die Hälfte aller Befragten für die Ersetzung der fremd-indigenen Bildungen durch deutsche Entsprechungen ist, die andere Hälfte sich für die Gegenvariante erklärt.

Wie im Falle der vorangehenden fünften Frage wurde auch bei der sechsten Frage angenommen, dass die deutschen Muttersprachler mehr Skepsis dem Sich-Mischen-von-Sprachen und dem Integrieren der fremden Elemente in die Wortbildungsprozesse des Deutschen entgegenbringen. Die Begründungen für die Antworten auf die gestellte Frage zeigen, dass die Informanten, sowohl die Germanistikstudenten als auch die Lehrer, in einer Art Zwiespalt stehen, was aus den nachfolgend zitierten Ausführungen abzulesen ist.

Die Germanistikstudenten würden die Bildungen vom Typ: *Back-Factory, Outdoor-Spielplatz* durch eine deutsche Entsprechung ersetzen, weil:

- „wir in Deutschland leben und die Sprache nicht mit Internationalismen/ Anglizismen vollbeladen sein muss!;
- es deutsche Wörter hierfür gibt, was die Kommunikation für ältere Generationen erleichtert;
- ich finde, dass auch Kinder und z. B. ältere Menschen ein Recht darauf haben zu verstehen, wo sie gerade einkaufen etc. Es wird einfach vorausgesetzt, dass jeder mit den Begriffen etwas anfangen kann;
- ich würde diese Begriffe ersetzen wollen, da es auch deutsche Bezeichnungen dafür gibt und die englischen Begriffe nicht am besten sind;
- sie dann für viele Menschen verständlicher wären;
- die deutsche Sprache oftmals in der Lage ist, selbst solche Wörter zu bilden;
- Spielplatz an sich doch klar genug ist. Es ist doch eigentlich logisch, dass ein Spielplatz draußen ist. Wozu benötigt man die die englische Bezeichnung „*Outdoor*"; ebenso *Back-Factory* – Bäckerei reicht aus, obwohl *Back-Factory* in diesem Fall eher ein Eigenname sein wird;

- ich Ersetzungen als sinnvoll empfinde, da viele Wörter auch auf Deutsch sinnvoll und eindeutig sind;
- Factory auch durch Fabrik ausgedrückt werden kann und ein Spielplatz in der Regel draußen ist;
- selbst Backfabrik irreführend wäre und Factory/ factory kein geläufiger Anglizismus ist;
- die deutsche Bezeichnung genauso viel aussagt und gut klingt;
- diese Begriffe nur Wortspielereien sind; es geht auch einfacher, denselben Inhalt auszudrücken;
- es nicht notwendig ist, englische Begriffe zu verwenden;
- die deutsche Sprache auch gut klingt und alle sie verstehen;
- „Outdoor-Spielplatz" etwas komisch klingt; „Back-Factory" ist mehr oder weniger annehmbar;
- Bäckerei und Erlebnis-Spielplatz viel schöner klingen und für alle Altersstufen verständlich sind;
- Back-Factory als Eigenname finde ich in Ordnung; „Outdoor" ist ein völlig unnötiger Zusatz in meinen Augen, da mit Spielplatz immer „draußen" assoziiert wird;
- unsere Sprache (Deutsch) vielfältig und reich an Worten ist, die solche Konstruktionen ersetzen können;
- weil ich die Bedeutung kenne;
- solche Fremdwörter oder Komposita nicht sein müssten;
- manche ja, weil deutsche Sprache selbst eine große Auswahl an Wörtern hat;
- es einfach geht; es würde aber altmodisch oder sogar radikal wirken;
- dann auch alle Menschen sofort verstehen, um was es sich handelt;
- entsprechende Bedeutungen auch im Deutschen zur Verfügung stünden und da insbesondere ältere Menschen oft Probleme damit haben; dazu sind (Hybrid)Bezeichnungen teilweise überflüssig;
- ich die deutschen Bezeichnungen schöner und passender finde;
- diese Wörter ersetzbar sind und es nicht nötig ist, ein englisches Wort bei jeder Gelegenheit zu verwenden;
- die Wörter komisch klingen und es deutsche Bezeichnungen dafür gibt;
- ich es beunruhigend finde, gerade bei der Jugend, dass sich der ohnehin schon begrenzte Wortschatz weiter verringert;
- der Kontext bzw. das (deutschsprachige) Zielpublikum keine Neuschöpfungen erfordert;
- es Alternativen im Deutschen gibt, die das Gleiche wiedergeben – das Lehnwort hat keine spezielle weitergehende Bedeutung."

Die befragten Germanistikstudenten würden die Bildungen vom Typ: *Back-Factory, Outdoor-Spielplatz* nicht durch eine deutsche Entsprechung ersetzen, weil:

- „Firmen entscheiden über Titel/ Namen – Bevölkerung muss diese ja nicht in den Alltagsgebrauch übernehmen;
- „eingedeutschte" Bezeichnung albern klingen und sich nicht durchsetzen, wie verschiedene Beispiele gezeigt haben;
- man sowohl die deutsche Bezeichnung als auch derartige Wortverbindungen versteht und eventuell auch abwechselnd verwendet;
- *Back-Factory* ein Eigenname ist und damit nicht entbehrlich ist. Ein *Outdoor-Spielplatz* ist für mich ein Spielplatz; *indoor* hingegen kann man nutzen da „*Drinnen-Spielplatz*" doof klingt;
- es passend ist;
- man den Kern des Bezeichneten dennoch erkennen kann (Spielplatz & Back[Waren]);
- mittlerweile jeder weiß, was gemeint ist. Aber natürlich gibt es dafür ein deutsches Synonym, welches wahrscheinlich ältere Menschen verwenden;
- Sprache wandelbereit ist und Ausdruck von Lebensauffassung;
- diese Bezeichnungen normalerweise geläufig sind;
- es schon zur Alltagssprache gehört;
- die Werbung sowieso ihre eigenen Regeln hat. Ich empfinde es als Belustigung, außerdem klingt *Back-Factory* gut;
- ich es in Ordnung finde. Die Kombinationen Deutsch-Englisch findet man immer häufiger;
- es auch parallele Formen existieren können;
- man weiß, was damit gemeint ist;
- dies Wortverknüpfungen sind – oft Ad-hoc-Bildungen – um einen Umstand, Ort, Geschäft näher, moderner zu beschreiben;
- es Eigennamen sind bzw. sie so interessanter klingen oder sie genauer beschreiben (*Outdoor-Spielplatz* im Gegensatz zu *Indoor-Spielplatz*);
- mir das Verständnis nicht schwer fällt und es zum Zeitgeist gehört;
- das mittlerweile „eingedeutscht" ist und eine deutsche Bezeichnung etwas entfremdend klingen würde;
- sich die Wörter schon in der Sprache durchgesetzt und etabliert haben;
- hinter der englischen Bezeichnung eine bestimmte Intention steckt. Meiner Meinung nach kann man Backfabrik gleichzeitig benutzen, aber ich würde den Firmennamen, der ja nun besteht, nicht nachträglich ändern;
- es in diesem Fall als sinnvoll erscheint;

- auch Touristen so einen Bezug herstellen können, denn viele Bezeichnungen oft international sind;
- ich sie nicht ersetzen würde, weil Sprache dynamisch ist und sich stets im Wandel befindet;
- es präzise Anglizismen sind, die verwendet werden;
- der Typ von Wortbildung an sich unproblematisch ist. Das Wort *Outdoor-Spielplatz* würde ich seiner Unverständlichkeit halber aber nicht benutzen;
- das nicht so wichtig ist. Man kann auch seine eigene Bezeichnung dafür anbringen;
- es auch so verstanden wird;
- diese inzwischen bekannt sind und verstanden werden und im Gebrauch sind!
- man nicht auf Zwang alles auf Deutsch umstellen muss;
- es so verständlich ist;
- es sich zum einen durchgesetzt hat und zum anderen die Verständigung bzw. das Verständnis nicht beeinträchtigt;
- es sich so eingebürgert hat und die Ersetzung durch deutsche Wörter eine große Umstellung wäre;
- es mich nicht stört;
- sie mir in diesem Falle sinnvoll erscheinen."

14,4 % der Germanistikstudenten zögern bei der Entscheidung, ob sie die Bildungen vom Typ: *Back-Factory, Outdoor-Spielplatz* durch eine deutsche Entsprechung ersetzen würden oder nicht. Die Gründe für diese Unentschiedenheit stellen sich wie folgt dar[14]:

Tabelle 6.3

Ich würde die Bildungen vom Typ: *Back-Faktory, Outdoor-Spielplatz* durch eine deutsche Bezeichnung ersetzen:	Ich würde die Bildungen vom Typ: *Back-Faktory, Outdoor-Spielplatz* durch eine deutsche Bezeichnung nicht ersetzen:
„weil sie entweder komplett englisch oder komplett deutsch sein sollten."	„weil es nicht aus der Überzeugung geschehen sollte, dass das deutsche Wort besser sei."
„weil man bei *Outdoor-Spielplatz* ganz einfach *outdoor* wegnehmen könnte!"	„weil, *Back-Factory* ein Eigenname einer Kette bereits ist."
„weil *Back-Factory* in meinen Augen unsinnig klingt."	„weil *Outdoor-Spielplatz* das ausdrückt, was er wirklich ist."
„weil ein Spielplatz eh oft draußen ist;"	„weil *Back-Factory* ein etabliertes Geschäft ist."

---

14 Die links und rechts in der jeweiligen Zeile der Tabelle zitierten Meinungen gehören zu derselben Person. Nicht alle Studenten haben ihre Meinung begründet.

Ich würde die Bildungen vom Typ: *Back-Faktory, Outdoor-Spielplatz* durch eine deutsche Bezeichnung ersetzen:	Ich würde die Bildungen vom Typ: *Back-Faktory, Outdoor-Spielplatz* durch eine deutsche Bezeichnung nicht ersetzen:
„weil solche Konstruktionen manchmal ein purer Unsinn sind."	„weil es sich teilweise im Falle dieser Wortbildungen um Markennamen handelt."
„weil *Outdoor-Spielplatz* = entbehrlich ist."	"weil *Back-Factory* = Eigenname ist."
„weil *Outdoor-Spielplatz* eine überflüssige Bezeichnung ist, da die meisten Spielplätze ohnehin draußen sind."	„weil *Back-Factory* eine Markenbezeichnung bzw. den Eigennamen eines Ladens darstellt und somit in meinen Augen ein stilistisches Mittel ist." Es ist also von Fall zu Fall unterschiedlich;
„weil ich *Outdoor-Spielplatz* blödsinnig finde."	„weil *Back-Factory* ein Markenname ist."
„weil *Outdoor-Spielplatz* überflüssig/ doppelt-gemoppelt klingt – ein Spielplatz ist ja meistens draußen, ansonsten ist es eher eine Spielecke – da muss also kein *Outdoor* davor stehen."	„weil *Back-Factory* zwar auch irgendwie unnötig ist, aber dennoch moderner/ schneller/ entsprechender klingt, als die deutsche Übersetzung."
„es ein sinnvolleres deutsches Wort (wie z.B. Abenteuerspielplatz) gibt, dann klingt es besser und wird verstanden."	„bei Eigennamen finde ich Hybridbildungen völlig OK."
„*Outdoor-Spielplatz* ist eine Wortdopplung, daher reicht Spielplatz völlig aus; auf der anderen Seite sind solche Bildungen eigentlich etwas irritierend, besonders *Back-Factory*, eigentlich „*factory*"."	
„Eine genaue Antwort kann ich darauf nicht geben, da in manchen Fällen eine deutsche Bezeichnung vorhanden ist (*Backfabrik*) und eine englische Bezeichnung überflüssig erscheint, allerdings haben sich Begriffe wie *Anti-Aging-Mittel* etabliert."	

Die Montessori-Lehrer und -Betreuer haben sich folgendermaßen zu dieser Frage geäußert:

Die Bildungen vom Typ *Back-Factory, Outdoor-Spielplatz* sollten durch eine deutsche Entsprechung ersetzt werden, weil:

- „die deutsche Sprache sonst verkümmert;
- es eindeutige deutsche Bezeichnungen dafür gibt;
- sonst immer weniger Deutsch gesprochen wird;
- entweder ganz deutsch oder ganz englisch – dieses halb und halb finde ich unsinnig;
- sie zum Teil unsinnig sind; die *Back-Factory* ist keine Fabrik – es ist eine sinnlose Wortbildung;
- ich weiß, was die Wörter bedeuten und somit deutsche Wörter dafür finde;
- wir genug passende Wörter in der deutschen Sprache haben."

Die Bildungen vom Typ: *Back-Factory, Outdoor-Spielplatz* sollten der Meinung der befragten Lehrer nicht durch eine deutsche Entsprechung ersetzt werden, weil:

- „die meisten Menschen wissen, was gemeint ist;
- die Bezeichnungen für mich üblich sind und ich sie selbst nutze;
- man sie sich mit der Zeit angewöhnt hat;
- mittlerweile die meisten Deutschen damit was anfangen können;
- sie als Einzelwörter nicht störend wirken."

Die Antworten auf die der Analyse unterzogene sechste Frage sind das Spiegelbild dessen, was sich auf der Arena der hybriden Wortbildung des Deutschen abspielt. Die befragten Sprachnutzer wissen einerseits den kommunikativen Wert der exogenen Komponente der bestimmten Hybridbildung zu schätzen und sind sich dessen bewusst, dass Hybridbildungen in der deutschen Sprache gut ankommen und sie die normale Folge des Kultur-, Wirtschafts-, Sozial- und Sprachkontakts sind, andererseits aber halten sie derartige `Wortmischlinge` für entbehrlich, da sie oft sinnlos und irritierend sind, was ihres Erachtens zur Verkümmerung der deutschen Sprache führt. Darüber hinaus sind die Probanden der Meinung, dass es in der deutschen Sprache genug passende Wörter gibt, um alle Erscheinungen der uns umgebenden Welt lexikalisch bewältigen zu können.

3.3.7 Analyse der 7. Fragebogenfrage

Die siebte Frage ist ebenfalls eine geschlossene Frage, bei der nach der Entscheidung für eine Antwortvariante – ähnlich wie im Falle der letzten zwei Fragen – nach der Begründung für die gewählte Antwort gefragt wird. Die durch die siebte Frage inspirierten Sprachnutzer haben mit folgenden Antworten reagiert: Germanistikstudenten:

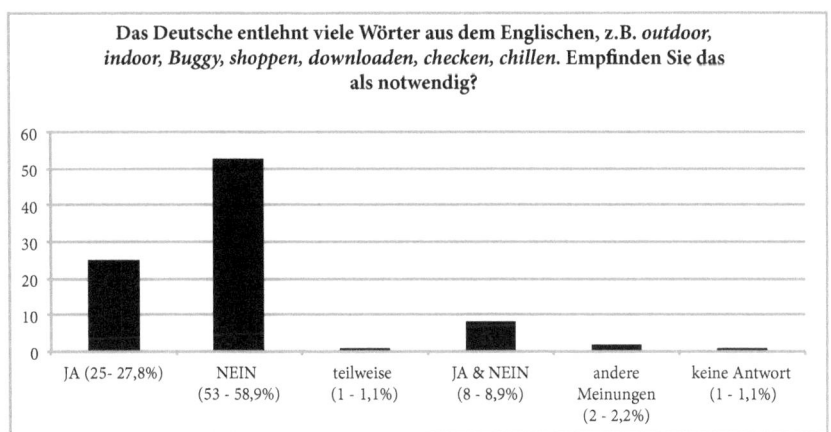

Diagramm Nr. 7.1

Montessori-Hort-Lehrer und -Betreuer:

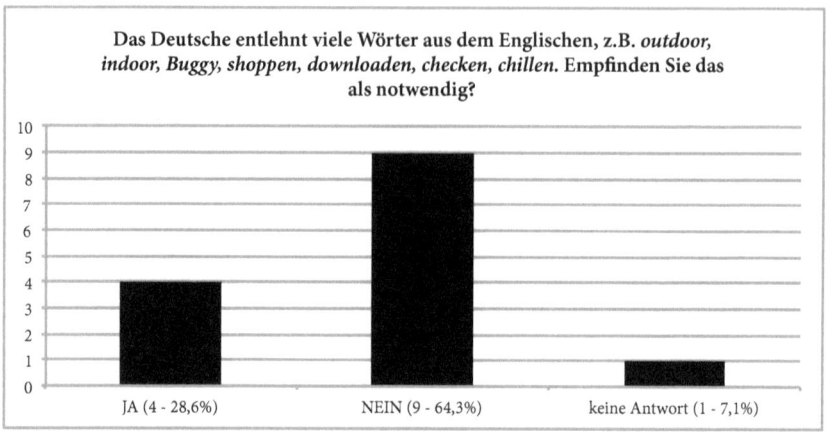

Diagramm Nr. 7.2

Die Hypothese, die zur siebten Frage formuliert wurde, hat sich im Großen und Ganzen bestätigt. 58,9 % der befragten Studenten und 64,3 % der Montessori-Anstalt-Informanten empfinden es als nicht notwendig, ins Deutsche so viele Wörter aus dem Englischen zu entlehnen. Zwar halten 27,8 % der Germanistikstudenten und 28,6 % der Lehrer – also über ein Viertel der Befragten in beiden Gruppen – es für notwendig, dass die deutschen Muttersprachler entlehnte Lexeme verwenden, wodurch die Ausdrucksmöglichkeiten des Deutschen erweitert werden, aber die meisten repräsentieren den Standpunkt, dass die deutsche Sprache über genug indigene Lexeme verfügt, die den gewünschten Inhalt genauso gut oder sogar besser als entlehnte Einheiten wiedergeben. Ein gewisser Prozentsatz der Befragten (13,3 % der Germanistikstudenten und 7,1 % der Lehrer) konnte sich nicht für eine endgültige Antwort auf die gestellte Frage entscheiden. Wenn man die Argumente für und gegen die Aufnahme fremdsprachiger Ausdrücke ins Deutsche in Erwägung zieht, kann man wirklich in eine Mittelposition gelangen, in der man nicht mehr fähig ist, eine eigene Meinung über dieses Phänomen herauszukristallisieren.

Obwohl die Mehrheit der Informanten es für nicht notwendig empfindet, so viele Wörter aus dem Englischen ins Deutsche zu entlehnen, war die Begründung ihrer Antworten doch ziemlich liberal, da sie festhielten, dass die Verwendung der Entlehnungen eigentlich keine störende Erscheinung ist. Eine weitere Erklärung hierzu stellen die wörtlich zitierten Antworten der Befragten dar.

Die Germanistikstudenten empfinden es als notwendig, viele Wörter aus dem Englischen, z. B. *outdoor, indoor, Buggy, shoppen, downloaden, checken, chillen* zu entlehnen, denn:

- „das Deutsche hat für einige (nicht alle!) dieser Wörter keine adäquate bzw. bedeutungsgleiche Übersetzungen;
- wir haben im Deutschen teilweise keine passenden Wörter dafür;
- es würde im Deutschen häufig komisch klingen (eigene Gewohnheit);
- bei Übersetzungen und Eindeutschungen treten semantische Verschiebungen ein und sie behindern den internationalen Sprachverkehr;
- man kann dadurch Einiges (in der Fachsprache/ Umgangssprache) schneller/ einfacher ausdrücken;
- die angelsächsische Kultur spielt eine leitende Rolle und damit gibt sie vielen Neuerungen erst den Namen. Es ist aber nicht immer notwendig!
- der Zeitgeist verlangt das;
- so kommt in der Sprache die globalisierte Welt zum Ausdruck;
- es gibt für manche kein Äquivalent im Deutschen;
- bestimmte Tätigkeiten können so nochmal differenziert bzw. benannt werden;
- es klingt internationaler;
- viele Begriffe (z. B. *Small Talk*) haben keine deutsche Entsprechung und somit müssen umschrieben werden. Natürlich sind einige Entlehnungen wie *Buggy* für *Kinderwagen* unnötig und werden von mir somit nicht so oft verwendet;
- es gibt im Deutschen keinen adäquaten Ersatz für diese Worte;
- teilweise ist im Deutschen keine passende genau das aussagende Übersetzung zu finden;
- es ist teilweise schwer, eine deutsche Entsprechung für neu Aufkommendes zu finden. Es gibt aber viel Überflüssiges wie *shoppen, Buggy* usw.
- es gibt manchmal kein deutsches oder bereits integriertes Wort für den bestimmten Sachverhalt;
- es dient zum Anreichern der eigenen Sprache;
- es sind z. T. eben neue Denotate, für die es nun mal noch kein deutsches Wort existiert. Warum also sollen wir nicht das in anderen Sprachen Vorhandene übernehmen?
- es gibt in vielen Sprachen für manche Dinge keine Wörter. Im Polnischen werden auch zu großen Teilen deutsche und englische Begriffe verwendet, wo es keine Eigenen gibt;
- manche Wörter passen einfach besser. Allerdings trifft das nicht immer zu. Es kommt immer auf das Beispiel an;

- das Englische klingt oft poppiger; es bietet mehr Ausdrucksmöglichkeiten;
- es gibt manchmal noch keine adäquaten Ausdrücke im Deutschen;
- meistens ist kein deutsches Äquivalent solcher Ausdrücke vorhanden."

Ihre verneinenden Antworten auf die Frage bezüglich der Notwendigkeit der Entlehnung von so vielen Wörtern aus dem Englischen haben die Germanistikstudenten folgendermaßen begründet:

- „es ist nicht notwendig, aber auch nicht störend;
- es ist nicht notwendig, aber okay! Sprachenentwicklung gehört zum Laufe des Lebens dazu!;
- es ist nicht zwingend notwendig – es stört jedoch auch nicht;
- es gibt viele eigene deutsche Wörter für solche Ausdrücke, aber die Sprache, so scheint es, tendiert dahin;
- es gibt auch deutsche Entsprechungen, aber im Zuge der Amerikanisierung ist das eben ein unaufhaltsamer Prozess;
- notwendig ist das nicht, da es durchaus auch deutsche Bezeichnungen dafür gibt/ gäbe z. B. *chillen – sich entspannen*;
- man könnte auch deutsche Wörter verwenden;
- es gibt meist auch deutsche Entsprechungen dieser Ausdrücke;
- es gibt für alle genannten Wörter auch deutsche Begriffe;
- wir haben Wörter mit gleicher Bedeutung auch im Deutschen. Die Menschen sind nur zu bequem, denn der deutsche Ausdruck ist oft länger;
- es handelt sich meistens um Modewörter;
- es wäre auch deutsche Bezeichnung möglich;
- das irritiert viele Menschen (besonders ältere);
- die deutsche Sprache klingt auch gut;
- einige von ihnen haben ihre deutschen Äquivalente, die für alle klar sind;
- dafür existieren auch Wörter im Deutschen;
- es gibt im Deutschen Wörter, die die gleiche Bedeutung tragen;
- es gibt dafür genauso gut deutsche Wörter. Man hat sich aber einfach daran gewöhnt;
- etliche andere Variationen können entstehen;
- notwendig finde ich es nicht, aber es ist nun mal so – die Sprache entwickelt sich;
- es ist nicht notwendig, aber manchmal fügen sich die Lehnwörter gut in den Redefluss ein, das hilft beim Zuhören;
- viele Begriffe können auch durch das Deutsche klar ausgedrückt werden;
- das Deutsche hat natürlich Bezeichnungen parat, diese jedoch weichen dem Druck des Englischen;

- es gibt genug deutsche selten gebrauchte Begriffe;
- es gibt mitunter in der deutschen Sprache ausreichend Begriffe, die dasselbe ausdrücken;
- die deutsche Sprache ist facettenreich und man kann mit ihrem Wortschatz alles ausdrücken, was man möchte;
- es gibt oft deutsche Entsprechungen;
- wir haben ebenso die deutschen Begriffe dafür;
- es ist nicht zwangsweise notwendig. In manchen Fällen ist es aber Kennzeichen der Sprachentwicklung;
- es gibt deutsche Entsprechungen. Ich muss jedoch sagen, dass im Sprachgebrauch häufiger die englische Version genutzt wird, also *chillen* statt *sich entspannen*;
- wir haben auch einen großen Wortschatzbestand im Deutschen; allerdings hat es auch mit der Globalisierung zu tun;
- man könnte anderseits auch die deutsche Entsprechung verwenden;
- das Deutsche gibt auch zum Teil Entsprechungen; es ist auch nicht immer notwendig;
- es ist nicht notwendig, aber natürlich, denn es wurden schon immer Worte entlehnt;
- es gibt dafür auch genauso gute Begriffe im Deutschen;
- es ist nicht notwendig, denn es gibt dafür durchaus deutsche Wörter;
- es gibt für diese Lexeme Entsprechungen in der deutschen Sprache;
- es ist in einigen Fällen nicht notwendig, denn es gibt dafür passende Wörter auf Deutsch;
- wir haben deutsche Wörter für diese Bedeutungen; allerdings kann durch die Entlehnung auch eine Sprachvielfalt entstehen;
- ein großer Teil der Gesellschaft wird dadurch irritiert;
- auch durch den Wortschatz des Deutschen kann die gemeinte Bedeutung gut ausgedrückt werden;
- es gibt auch deutsche Bezeichnungen dafür;
- das Deutsche hat meistens eigene Wörter für derart Bezeichnungen;
- es gibt mittlerweile einfach zu viele Entlehnungen, wo man teilweise die Bedeutung nicht mehr weiß und irgendwann bräuchten wir dann gar nicht mehr Deutsch zu sprechen, weil alles nur noch Englisch ist;
- das Deutsche hat auch ohne diese englischen Entlehnungen genug schöne Wörter;
- es gibt oft einen deutschen Begriff dafür bzw. lässt sich so einer bilden;
- es gibt auch deutsche Entsprechungen der Wörter und diese sind meist viel zutreffender und jeder weiß, was gemeint ist;

– die deutsche Sprache verfügt über genügend Worte zur Beschreibung der Phänomene der uns umgebenden Welt. Dennoch erachte ich eine Veränderung der Sprache nicht als negativ, da Sprache stets dynamisch ist."

Eine Antwort auf die 7. Frage lautet `teilweise` und wurde so gerechtfertigt: „Die Etablierung neuer Technik erfordert neue Bezeichnungen". Dreizehn befragte Germanistikstudenten (14,4 %) bestanden auf der JA&NEIN-Antwort. Ihre Motivationen waren[15]:

Tabelle 7.3

JA, ich empfinde es als notwendig, dass das Deutsche viele Wörter aus dem Englischen, z. B. *outdoor, indoor, Buggy, shoppen, downloaden, checken, chillen* entlehnt,	NEIN, ich empfinde es als <u>nicht</u> notwendig, dass das Deutsche viele Wörter aus dem Englischen, z. B. *outdoor, indoor, Buggy, shoppen, downloaden, checken, chillen* entlehnt,
„weil manche Begriffe aus dem Englischen kürzer sind."	„weil sie durch deutsche Entsprechungen ersetzt werden können."
„weil es sich mittlerweile eingebürgert hat und es teilweise keine anderen Bezeichnungen gibt (z. B. *Computer*)."	„weil deutsche Bezeichnungen dafür gibt."
„weil man sich dadurch international macht; egal wo man herkommt; wer Englisch versteht, kommt dann zurecht."	„weil das Deutsche einen umfangreichen Wortschatz besitzt und keine neuen Wörter benötigt, die z. B. die ältere Generation nicht versteht."
„weil manche Sachverhalte nicht auf Deutsch ausgedrückt werden können."	„weil das Deutsche genügend Möglichkeiten bietet, die Sachverhalte auszudrücken."
„weil sie zur stärkeren Differenzierung beitragen können (*shoppen* = Klamotten, Schuhe etc., *kaufen* vs. *Einkaufen* = Lebensmittel etc.) und weil es für sie kein deutsches Wort gibt (z. B. *downloaden*)."	„weil es manchmal überflüssig ist (z. B. *outdoor*)"
„weil es für Vieles davon auf Deutsch nur umständliche Umschreibungen gibt."	„weil häufig nur aus Image-Gründen der Anglizismus verwendet wird."
„weil es eine Sprache ist, mit der man viel in Kontakt gerät."	„weil Einiges übertrieben klingt, oder es unnötige Dopplungen gibt."
„weil teilweise Bezeichnungen passender sind."	„weil dies häufig zur Verwirrung führen kann."

---

15 Die links und rechts in der jeweiligen Zeile der Tabelle zitierten Meinungen gehören zu derselben Person.

Hierzu gehören noch zwei von den anderen befragten Germanistikstudenten abweichende Meinungen:

- „Notwendigkeit mag zu hart sein; aber eine gewisse kulturelle Affinität zur englischen Kultur ist unübersehbar und daher sind Entlehnungen erklärbar; Wenn andere Umstände herrschen, werden wir von anderen Kulturen viele Wörter entlehnen."
- „Nichts davon: es gibt deutsche Entsprechungen, die nicht uncooler klingen aber bedeutungsabweichend sind."

Die befragten Montessori-Lehrer und -Betreuer haben bei derselben Frage folgenderweise ihre JA-Antworten ausformuliert:

– „Nicht in allen Fällen ist es aber notwendig, viele Wörter aus dem Englischen zu entlehnen;
– Nicht unbedingt muss man Wörter aus dem Englischen entlehnen, aber so kann jeder unbewusst die Weltsprache Englisch lernen und sich auch in anderen Ländern ohne Probleme erkundigen/ zurechtfinden;
– In der heutigen Zeit gehören diese Wörter zum Alltag dazu."

Hinter den NEIN-Antworten der Montessori-Lehrer steckten folgende Motivationsgründe:

– „Die deutsche Sprache wird durch viele Entlehnungen entfremdet;
– Auch die deutsche Bezeichnung drückt den entsprechenden „Inhalt" gut aus;
– Genügend Wörter sind auch in der deutschen Sprache vorhanden;
– Es gibt auch deutsche Entsprechungen;
– Nicht unbedingt. Es kommt auf die Generation an. Viele Medien verwenden englische Begriffe. Dadurch ist es manchmal notwendig, solche Begriffe zu kennen;
– Für all das gibt es auch deutsche Wörter;
– Ein Teil der deutschen Sprachkultur tritt dadurch in den Hintergrund;
– Ich empfinde es nicht als notwendig, aber als eine ganz normale kulturelle Entwicklung, da die Nationen immer mehr miteinander kooperieren und wir dadurch eine ganz neue Sprachentwicklung bekommen."

Die Begründungen der Informanten zu den Antworten auf die 7. Frage resümierend lässt sich konstatieren, dass die Sprachnutzer gegenüber den Entlehnungen, meistens aus dem Englischen, eher aufgeschlossen sind. Obwohl die Mehrheit der Befragten aus beiden Gruppen es als nicht notwendig empfindet, so viele Wörter aus dem Englischen zu entlehnen, bemerkt man in den Begründungen zu den Antworten eine Art Zerrissenheit zwischen der eigenen Meinung, den eigenen

Gefühlen und Empfindungen der Muttersprache gegenüber und dem Bewusstsein, dass der Prozess der Entlehnung etwas ganz Natürliches in einer Sprache und unter deren Nutzern ist, was die Entwicklung jeder Sprache fördert und ihre Ausdrucksmöglichkeiten wesentlich erweitert. Aus den Begründungen der Antworten kann abgelesen werden, dass sich die Informanten der Notwendigkeit der unter den gegenwärtig herrschenden Umständen stattfindenden Sprachentwicklung bewusst sind, auch wenn in diesen Skepsis und ein negatives Verhältnis den Entlehnungen und somit den hybriden Bildungen gegenüber mitschwingen. Die Kooperation der Nationen und somit der Sprachen zieht in der globalisierten Welt weitgreifende Veränderungen nach sich, sowohl der Menschen und ihrer Einstellung zu verschiedenen Aspekten des Lebens als auch der Sprache, die grenzenübergreifend, immer internationaler, einfacher und präziser wird. Somit ist der harte Protest gegen den natürlichen Lauf des Entwicklungsprozesses wohl unbegründet.

3.3.8 Analyse der 8. Fragebogenfrage

Die achte Frage des Fragebogens ist die nächste Frage, bei der nach der Entscheidung für eine Antwortvariante nach der Begründung für die gewählte Antwort gefragt wird.

Nach der Analyse der Antworten der Befragten konnten Diagramme mit folgenden Daten entstehen:

Germanistikstudenten:

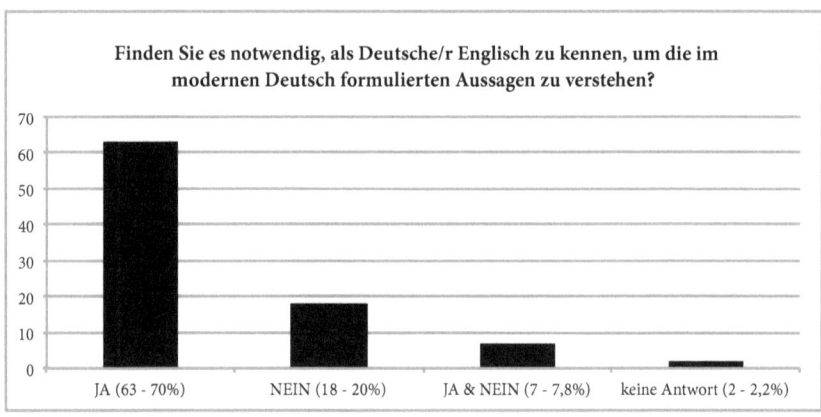

Diagramm Nr. 8.1

Montessori-Hort-Lehrer und -Betreuer:

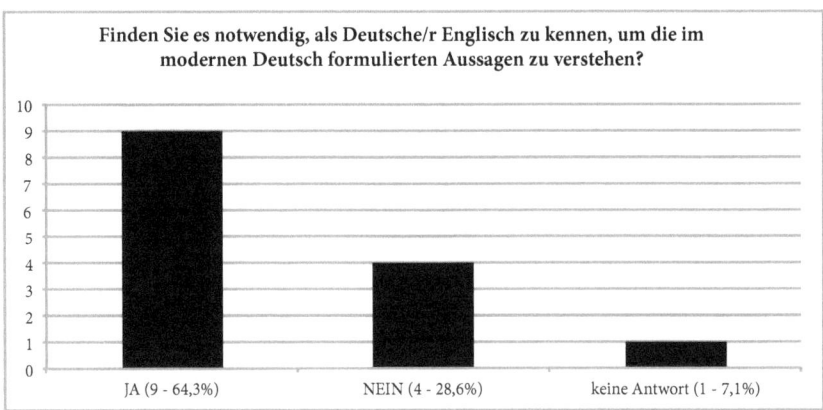

Diagramm Nr. 8.2

Die Hypothese, die zur Frage 8 formuliert wurde, hat sich bestätigt. 70 % der befragten Germanistikstudenten und 64,7 % der Montessori-Lehrer und -Betreuer finden es notwendig, als Deutsche/r Englisch zu kennen, um die im Gegenwartsdeutschen formulierten Aussagen zu verstehen. Für 20 % in der ersten und 28,6 % in der zweiten befragten Gruppe sind Englischkenntnisse zum Verständnis der im Gegenwartsdeutschen formulierten Begriffe nicht erforderlich. Eine kleine Studentengruppe (7,8 %) erklärte sich für beide Antworten. Die Motivationen der Befragten bei der Erörterung der 8. Frage werden im Folgenden dargelegt.

Die Germanistikstudenten finden aus folgenden Gründen relevant, als Deutsche(r) Englisch zu kennen, um die Aussagen des Gegenwartsdeutschen zu verstehen:

- „U.a. in der Technik und im Internet werden viele englische Begriffe genutzt;
- Vor allem bei älteren Personen bemerkt man, dass diese kaum bis gar nichts mit etwaigen Bezeichnungen anfangen können;
- Gerade ältere Menschen haben Probleme beim Verstehen;
- Mittlerweile ist Englisch nicht mehr aus der Sprache zu isolieren; man muss damit leben;
- Man versteht ansonsten die Entlehnungen und viele in der deutschen Sprache verwendeten Ausdrücke nicht;
- Englisch ist heute unumgänglich; ohne Englisch versteht man heute fast gar keinen vollständigen Satz mehr;
- Es wird schon zu viel aus dem Englischen ins Deutsche entlehnt;

- Die Anzahl der Entlehnungen aus dem Englischen steigt ständig an;
- Es gibt auf jeden Fall Fremdwörter in der fließenden Rede;
- Die Gesellschaft benutzt immer mehr englische Begriffe;
- Viele Wörter werden entlehnt;
- Englisch ist eine Weltsprache – ältere Menschen verstehen die Aussagen zum Teil nicht;
- Bezogen auf Varietäten enthält Seniorensprache wohl kaum Anglizismen und ältere Bürger bräuchten Englischkenntnisse, um beispielsweise Jugendsprache zu verstehen;
- Es erleichtert das Leben. Wir sind täglich von vielen Anglizismen umgeben;
- Es kann sonst missverstanden werden;
- Es könnte doch manchmal Ungereimtheiten geben;
- Nur so ist ein klares Verstehen möglich. Wobei sind viele englische Werbeslogans auch nicht wirklich englisch – „come in and find out";
- Es kommt sonst zwangsläufig zu Missverständnissen;
- Englisch ist die Weltsprache;
- Teilweise ja: es kommt auf die Generation an; ältere Menschen finden solche Worte natürlich befremdlich;
- Stellenweise ja: einige Worte sind jedoch selbsterklärend;
- Es gibt schon sehr viele sehr entfremdende Wörter. Es ist wichtig für die Kommunikation;
- Sonst sind manche Begriffe einfach nicht zu verstehen;
- Englische Wörter haben einen großen Anteil an der deutschen Gegenwartssprache;
- Es gibt bereits so viele englischsprachige Einflüsse;
- Es wird deutlich, wie viel von dem Englischen ins Deutsche eingeflossen ist. Ohne Englischkenntnisse würde man Vieles nicht verstehen;
- Englisch ist eine Weltsprache. Es ist notwendig die englische Alltagssprache zu beherrschen;
- Es ist mittlerweile scheinbar eine Notwendigkeit, wobei Vieles lang genug eingedeutscht ist, so dass es als selbstverständlich gilt;
- Es erleichtert das Verständnis;
- Es handelt sich teilweise um recht absurde Verbindungen;
- Die Begriffe sind nicht mehr aus dem alltäglichen Sprachgebrauch wegzudenken;
- Die deutsche Sprache enthält mittlerweile viele Anglizismen;
- Manchmal werden nicht nur einzelne Wörter, sondern ganze Sätze auf Englisch formuliert;

- Ich kenne viele (vor allem) ältere Menschen, die kein Englisch sprechen. Wörter wie *Outdoor-Spielplatz* verstehen sie nicht (Was ist outdoor?);
- Viele Wörter in unserem Alltag sind englisch. Notwendig ist es vielleicht nicht, Englisch zu kennen, aber es ist hilfreich;
- Es ist mit Sicherheit von Vorteil;
- Manchmal sind die Anglizismen für ältere Menschen nicht eindeutig. So werden die Wörter wohl mit „Bildern" erklärt – Buggy – Bild eines Buggys;
- Es ist eine Grundlage um die Ausdrücke der gegenwärtigen Sprache zu verstehen;
- Es kann im Zweifelsfall hilfsvoll sein – genauso, wie es nicht schaden kann, Latein zu können, um viele Fachtermini leichter zu verstehen;
- Die meisten „neuen" Entlehnungen stammen aus dem Englischen;
- Es gehört einfach auch zur Grundbildung und es ist im Alltag hilfreich;
- Viele dieser Aussagen sind sonst nicht verständlich;
- Ich bin auch der Ansicht, dass dieses „Denglische" sich noch intensivieren wird;
- Es ist manchmal ohne Englischkenntnisse nicht zu verstehen (z. B. *Anti-Aging*);
- Es wird heutzutage immer wichtiger, Englisch zu sprechen. Englisch ist Weltsprache;
- Englisch ist eine Weltsprache und man kann sich damit „überall" verständigen;
- Es ist schon hilfreich, um die genaue konnotative Färbung der englische Elemente enthaltenen Ausdrücke zu begreifen;
- Es sind teilweise Hybridbildungen, aber die entlehnten Wörter stehen auch manchmal allein (z. B. „*sale*");
- Sonst ist das Verständnis einfach nicht gewährleistet. Dieser Effekt ist häufig bei älteren Menschen zu beobachten, die kein Englisch gelernt haben,
- Größtenteils wird der Satz sonst nicht verstanden, es sei denn, man kennt es direkt im Sprachgebrauch;
- Die Globalisierung erfordert heutzutage zwangsläufig Englischkenntnisse;
- Englisch wird in der alltäglichen Kommunikation von mehreren Menschen verwendet;
- Man würde viele Wörter sonst nicht verstehen;
- Es sind zum Teil tatsächliche englische Fremdwörter, andererseits auch nicht, z. B. *Handy*. Es hilft auf jeden Fall beim Verstehen von Werbung;
- Sie sind sonst nicht verständlich;
- So lassen sich viele Begriffe besser erschließen;
- Man sollte sowieso gute Englischkenntnisse haben;

- Englisch hat nun mal einen großen Stellenwert und ist heutzutage notwendig;
- Englischkenntnisse ermöglichen in den meisten Fällen eine problemlose Übersetzung;
- Ich möchte alles richtig verstehen;
- Es erleichtert die Kommunikation in vielen Bereichen."

Die deutliche Minderheit der Germanistikstudenten (20 %) ist der Ansicht, dass es <u>nicht</u> notwendig ist, als Deutsche(r) Englisch zu kennen, um die Aussagen des Gegenwartsdeutschen zu verstehen. Sie argumentieren ihre Entscheidung wie folgt:

- „Es gibt bei Interesse Wörterbücher. Dennoch erleichtern Sprachkenntnisse stets das Eigenverständnis sowohl im öffentlichen Raum als auch in der Werbung;
- Es gibt viele der vermeintlich englischen Wörter im Englischen gar nicht, wie z. B. *Handy*;
- Nur um diese Worte zu verstehen muss man nicht unbedingt Englisch sprechen/ verstehen;
- Die Verbreitung der Bedeutung schreitet sehr schnell voran;
- Die meisten Übertragungen sind schlecht, falsch und es handelt sich in meisten Fällen nur um Modewörter;
- Viele Lehnwörter werden schnell eingedeutscht und man versteht sie z. T. auch dadurch;
- Viele Wörter wurden bereits in die Alltagssprache aufgenommen und sind somit verständlich;
- Die Bedeutungen ergeben sich meist aus dem Kontext;
- Mittlerweile sind einige englische Wörter schon so eingedeutscht, dass man sie auch ohne Englischkenntnisse versteht, z. B. *shoppen*;
- Bezeichnungen bürgern sich ein und der Sinn kann dann verstanden werden;
- Die Bedeutung der aus dem Englischen entlehnten Begriffe ist meistens aus dem Kontext ersichtlich;
- Man kann die englischen Ausdrücke auch ohne Englischkenntnisse lernen und gebrauchen;
- Viele sind selbst erklärend und allgegenwärtig; man kann sie, wenn man sie nicht versteht, nachschlagen;
- Es ist unnötig, NUR Englisch zu lernen, um solche Aussagen zu verstehen. Englisch als Weltsprache sollte trotzdem gelernt werden. Die aus dem Englischen entlehnten Wörter kann man im alltäglichen Leben verwenden und auch ohne Englischkenntnisse verstehen;

- Das Verstehen von Anglizismen ist ein Vorgang innerhalb der deutschen Sprache und dadurch dass die englischen Ausdrücke ins Deutsche eingehen, verlieren sie ihren englischen Charakter;
- Man verwendet dann zu viele englische Begriffe."

Die Erklärung, warum 7,8 % der befragten Studenten sich bei der 8. Frage für beide Antworten, also für JA und NEIN entschieden haben, ist in folgenden Aussagen zu finden[16]:

Tabelle 8.3

JA, es ist notwendig, als Deutsche(r) Englisch zu kennen, um die Aussagen des Gegenwartsdeutschen zu verstehen:	NEIN, es ist nicht notwendig, als Deutsche(r) Englisch zu kennen, um die Aussagen des Gegenwartsdeutschen zu verstehen:
„weil wenn man älter ist, dann ist man diesen Umgang nicht gewohnt."	„weil wenn man jünger ist, ist man dann mit diesen Wörtern aufgewachsen und man kennt deren Bedeutung, ohne zu hinterfragen."
„weil es praktisch ist."	„weil es nicht immer nötig ist, denn man findet sie im täglichen Sprachgebrauch und auch dadurch lernt."
„weil es sonst zu Missverständnissen kommen kann."	„weil ich Englisch lerne, um Englisch zu verstehen und weniger um das Deutsche zu verstehen."
„weil bei Berufsbezeichnungen sonst manchmal unverständlich bleibt, was die einen bestimmten Beruf ausübenden Menschen eigentlich machen. Auch bei anderen Wörtern ist es sinnvoll (*Back-Factory, Indoor-Spielplatz*)."	„weil es allerdings auch meist aus dem Kontext erklärbar ist (im Deutschen übliches Verb `chillen`), so dass man die englische Herleitung nicht verstehen muss."
„weil ich es wichtig finde, Englisch zu kennen."	„weil die Dinge sich meist aus dem Kontext erklären lassen."
„weil die exakte Bedeutung sich erst dann erschließt. Es wäre hilfreich somit, Englisch zu kennen."	„weil es trotzdem nicht unbedingt nötig ist, um zu verstehen, was gemeint ist."
„Teils: einige Begriffe, wie Computer, sind bereits so im Deutschen im Gebrauch, dass man sie auch ohne Englischkenntnisse versteht. Andere, vielleicht neuere Begriffe, können insbesondere für die ältere Generation schon fremd sein und dann wären Englischkenntnisse notwendig."	

---

16 Die links und rechts in der jeweiligen Zeile der Tabelle zitierten Meinungen gehören zu derselben Person.

Die bejahenden Antworten der Montessori-Lehrer und -Betreuer auf die Frage Nummer 8 wurden mit folgenden Argumenten unterstützt:

- „Meine Eltern verstehen den in die deutschen Aussagen eingemischten englischen Wortschatz nicht mehr;
- Ich finde es allgemein wichtig, Englisch als Basis zu verstehen – es ist immer wichtiger z. B. auf Reisen;
- Englisch gehört zu den meist gesprochenen Sprachen und das ist ein wichtiges Argument dafür, diese Sprache zu erlernen;
- Gerade ältere Menschen haben Schwierigkeiten, diese zu verstehen, und die englische Sprache breitet sich immer mehr in Firmen, Anleitungen, Schulen … aus;
- Man versteht sonst viele Sachen nicht;
- Man kommt sonst nicht durch Leben;
- Inzwischen gibt es schon viele solche Bezeichnungen und um sich zurechtzufinden, soll man Englisch lernen;
- Viele Wörter sind sonst nicht zu verstehen;
- Englisch ist eine Weltsprache und die Leute, die Englischkenntnisse haben, können somit auch mit anderssprachigen Menschen kommunizieren. Englisch ist heute sehr wichtig für das Miteinander."

Für 28,6 % der befragten Lehrer besteht keine Notwendigkeit, Englisch zu lernen, um die Aussagen des Deutschen mit integrierten englischen Worten zu verstehen. Sie bringen folgende Argumente für ihren Standpunkt vor:

- „Nicht um die Aussagen zu verstehen sind Englischkenntnisse erforderlich, aber sie sind notwendig, um im Ausland klar zu kommen;
- Man kann die meisten Wörter ableiten und so verstehen, deswegen ist es kein Muss, Englisch zu lernen;
- Um Einzelaussagen zu verstehen, finde ich es nicht notwendig;
- Die aus dem Englischen entlehnten Lexeme sind bereits in der deutschen Sprache integriert und für die Meisten verständlich."

Nach der Analyse der zurückgegebenen Fragebögen konnte ein breites Spektrum der Antworten auf die achte Fragebogenfrage angeführt werden. Man muss sich dabei einer Tatsache bewusst sein: In Wirklichkeit lernen oder kennen bereits viele Deutsche Englisch (laut der AWA-Statistik verstehen bzw. sprechen 63 % zumindest einigermaßen gut Englisch – siehe Kap. 1.5). Dies weist darauf hin, dass die meisten Befragten die Notwendigkeit der Englischkenntnisse in der heutigen globalisierten Welt erkennen, auch wenn sie im Alltag nur in ihrer Muttersprache kommunizieren. Sowohl die Germanistikstudenten, d. h. junge Menschen, die sich ausbilden lassen, als auch die schon ausgebildeten Montessori-Lehrer und -Betreuer sind sich darüber im Klaren, dass der Erwerb von Fremdsprachen – heutzutage besonders der englischen, in der Zukunft vielleicht irgendeiner anderen Sprache – von besonderem Nutzen ist. Zurzeit handelt es sich im Falle des Englischen um eine führende Weltsprache. Man kommt schon sehr früh mit dieser Sprache in Kontakt, und zwar nicht nur im Ausland, sondern auch im eigenen Land. Sogar im Alltag wird man auf Schritt und Tritt mit englischen Bezeichnungen konfrontiert. Sie treten im Deutschen als selbständige Lexeme auf oder als Teile komplexerer Formationen (vgl. Dargiewicz 2013), in denen ihre englische Herkunft oft verborgen bleibt. Aus dem Grunde ist die breit gefächerte Argumentation bezüglich der Notwendigkeit des Erwerbs der Englischkenntnisse durch die Deutschen gerechtfertigt. Es ist ein Beweis auch dafür, dass sich die meisten Deutschen nicht gegen Englisch wehren und sich auch nicht wehren wollen.

3.3.9 Analyse der 9. Fragebogenfrage

Die neunte Frage ist eine offene Frage. Die Befragten sollten Ihre Meinung darüber äußern, ob Fremdwörter die deutsche Sprache bereichern oder ob sie überflüssig sind.

Die Hypothesen (9 und 10), die am Anfang der Untersuchung zur Frage neun formuliert wurden, haben sich teilweise bestätigt. Zu dem Problem der Bereicherung der deutschen Sprache durch die Fremdwörter bzw. der Überflüssigkeit dieser im Deutschen haben die Befragten geteilte Meinung. Dies ist zutreffend sowohl im Falle der Germanistikstudenten – eine teils positive/ teils negative Meinung hatten zu dem erfragten Problem 83 Befragte (keine Antwort haben 7 Informanten erteilt) – als auch für die Montessori-Hort-Lehrer und -Betreuer – eine teils positive/ teils negative Meinung hatten 13 Befragte (keine Antwort wurde von einer Person gegeben). Eine wichtige Beobachtung, die während der Analyse der Antworten auf die neunte Frage gemacht wurde, ist die, dass die Informanten wieder in einer Art Zwiespalt stehen. Einerseits finden die Probanden den fremden Wortschatz in ihrer Muttersprache überflüssig und unangebracht, andererseits wissen sie die präzisen Ausdrucksmöglichkeiten der entlehnten Lexeme zu schätzen, was die nachfolgend aufgeführten Ausführungen reflektieren:

- „Die Fremdwörter sind in der deutschen Sprache sowohl überflüssig als auch stellen sie Bereicherung des Wortschatzes dar; es kommt auf das Fremdwort an;
- Bestimmte Fremdwörter bereichern die deutsche Sprache, andere sind überflüssig – es kommt auf das Fremdwort an;
- Je mehr Wörter desto mehr Ausdrucksmöglichkeiten und somit präzisere Darstellung, deswegen erfüllen Fremdwörter ihre Funktion;

- Sie bereichern die Sprache und die eigenen Weltvorstellungen;
- Es gibt sicherlich bestimmte Fremdwörter, die eine Bereicherung darstellen. Gerade bei den aus dem Englischen entlehnten Wörtern nimmt die Entwicklung aber überhand. In den letzten Jahren kam viel Überflüssiges dazu, für das es ebenso praktikable deutsche Entsprechungen gibt;
- Fremdwörter bereichern die deutsche Sprache bedingt. Sie fördern die Ausdrucksvielfalt. Allerdings sind Fremdwörter aus dem Englischen nicht unbedingt damit gemeint, sondern Fremdwörter aus dem fachsprachlichen Bereich und die stammen nicht nur aus dem Englischen;
- Gäbe es Ersatz, könnte man deutlich auf fremdsprachliche Ausdrücke verzichten. Da jenes nicht der Fall ist, sind Fremdwörter notwendig um sich zu verständigen;
- Fremdwörter sind eine Bereicherung, solange das Deutsche nicht überflüssig wird;
- Sie bereichern die deutsche Sprache, solange sie sinn- und maßvoll verwendet werden;
- Sie bereichern das Deutsche insofern, als dass sie die Sprache effizienter machen;
- In manchen Punkten bereichern sie die Sprache. So könnte z. B. das Wort „spirit" ins Deutsche nicht hundertprozentig übersetzt werden. Man kann Fremdwörter verwenden, aber nur dann, wenn sie notwendig sind, sonst sind sie überflüssig;
- Sie bereichern die Sprache, indem sie eine Variation von Wörtern geben; doch teilweise, wenn es nur zu Werbezwecken genutzt wird, ist es überflüssig;
- Fremdwörter bereichern die deutsche Sprache, wenn sie Bedeutungslücken füllen;
- Ich finde, dass Fremdwörter die deutsche Sprache bereichern und teilweise auch besser klingen, z. B. die Bezeichnung für *After-Sun-Creme – Nach-der-Sonne-Creme*; sie machen außerdem die deutsche Sprache internationaler;
- Fremdwörter sind ein wichtiger Bestandteil der deutschen Sprache. Im Teilbereich der Fachsprachen und der Lingua Franca ermöglichen sie allgemeines (weltweites) Verständnis;
- Da sich Sprache immer wandelt, denke ich, dass Fremdwörter die Sprache bereichern;
- Sie bereichern die deutsche Sprache und bieten manchmal flexible Möglichkeiten einer Ausdrucksweise an. Die Sprache wird komplexer, aber auch weitläufiger verwendet. Man bekommt neue Synonyme o. Ä., ggf. sind die Wörter sogar kürzer;

- Sie bereichern nicht nur die Sprache, sondern tragen auch zur länderübergreifenden Verständigung bei;
- Sie bereichern die Sprache, wenn Bedeutungserweiterung vorhanden ist;
- Fremdwörter scheinen eher modern zu sein (=Trend);
- Sie bereichern die Sprache;
- In bestimmter Hinsicht sind sie eine Bereicherung, wenn sie richtig verwendet werden;
- Fremdwörter hat es schon immer gegeben (siehe griechische Ausdrücke im Italienischen). Sie sind nicht immer überflüssig, aber auch nicht immer notwendig;
- Sowohl als auch: in erster Linie sind sie jedoch überflüssig, da die deutsche Sprache genügend Wörter enthält, damit man sich adäquat ausdrücken kann;
- Wenn Fremdwörter für neue Dinge, besonders im technischen Bereich, eingesetzt werden, dann sind sie notwendig. Aber wenn sie bereits bestehende deutsche Begriffe ersetzen, dann sind sie unnötig.
- Wenn es noch keinen Begriff im Deutschen für bestimmte Phänomene gibt, z. B. Aufkommen des Computerzeitalters, sind die Fremdwörter auf jeden Fall eine Bereicherung des Deutschen. Wenn es schon deutschen Begriff für bestimmte Erscheinung gibt, dann auch – wegen Nuancierung. Man greift häufig auf englische, französische Begriffe zurück, weil der deutsche Ausdruck beispielsweise weniger passend erscheint;
- Sie sind überflüssig, aber leider nicht mehr wegzudenken und so muss man sie auch betrachten – als Bestandteil des Deutschen. Die deutsche Sprache ist vielfältiger als viele denken;
- In wenigen Bereichen sind Fremdwörter sinnvoll, z. B. im Technik- oder Internetbereich. In der Alltagssprache ist es eher nicht sinnvoll, Fremdwörter einzusetzen;
- Fremdwörter sind überflüssig und erscheinen als eine Modewelle;
- Sie schaffen eine gewisse Internationalität, jedoch Internationalität kann auch anders entstehen. Ich finde fremde Wörter in der deutschen Sprache überflüssig;
- Es ist schwierig, diese Frage zu beantworten. Besonders in der Technik kann man von einer Bereicherung sprechen und auch so schaffen die fremden Wörter auch Kürze. Ich finde jedoch, dass es mittlerweile viel zu viele Fremdwörter im Deutschen gibt. Es ist eher schade, dass immer mehr englische Wörter benutzt werden;

- Fremdwörter bereichern die deutsche Sprache, wenn sie sich etabliert haben. Es müssen aber nicht immer englische Wörter sein. Viele Fremdwörter stammen aus dem Lateinischen oder Griechischen;
- Ich finde Fremdwörter überflüssig, weil die deutsche Sprache genug Wörter und Wortverbindungen besitzt um die englischen Begriffe ins Deutsche wiederzugeben;
- Dadurch wird die Sprache bereichert, vor allem wenn es keine Pendants für konkrete Erscheinungen im Deutschen gibt;
- Wenn es keine passenden deutschen Äquivalente gibt, dann ist es notwendig, fremden Wortschatz einzusetzen;
- Manche Fremdwörter bereichern die deutsche Sprache aus dem Grund, da sie einfach passender und kürzer sind;
- Fremdwörter sind im gewissen Ausmaß okay, aber es sollte nicht zu viele Fremdwörter im Deutschen geben;
- Teilweise sind die Fremdwörter eine Form der Bereicherung der Sprache, teilweise sind sie auch unnötig; zum Teil bereiten sie Schwierigkeiten beim Verstehen;
- Fremdwörter sind häufig unabdingbar, da sie einen Sachverhalt konkreter fassen können als eine deutsche Entsprechung;
- In vielen Fällen sind sie eine Bereicherung des Deutschen, weil es nicht immer ein exaktes deutsches Synonym gibt. Überflüssig finde ich sie nur, wenn sie zu oft verwendet werden;
- Teilweise sind sie eine Bereicherung, und teilweise sind sie in der deutschen Sprache überflüssig. Viele technische Begriffe aus dem Englischen beispielsweise bereichern die deutsche Sprache. Einige andere sind aber sehr überflüssig, z. B. *Facilitymanager* für *Hausmeister*;
- Einerseits bereichern die Fremdwörter das Deutsche, da sie manchmal eine Aussage verstärken, manchmal sind sie aber auch überflüssig;
- Sie bereichern die Sprache genau an den Stellen, wo die deutschen Begriffe nicht deutlich genug werden. Außerdem sorgen sie für einen multikulturellen Einfluss und viele variable Ausdrucksmöglichkeiten;
- Fremdwörter bereichern das Deutsche, machen es für nicht Muttersprachler leichter zu lernen und internationaler;
- Ja, sie bereichern die deutsche Sprache;
- Sie sind kreativ, verspielt, erfrischend;
- Einerseits bereichern sie das Deutsche, andererseits geraten dadurch einige deutsche Wörter in Vergessenheit. Ich persönlich verwende auch Anglizismen in meiner Alltagssprache;

- Teilweise stellen sie eine Bereicherung dar, werden aber oft zu inflationär (und überflüssigerweise) gebraucht;
- Fremdwörter sind die Bereicherung, weil sie die Sprache am „Leben erhalten". Oftmals fehlt es an einer deutschen Bezeichnung, und dann sind die fremden Lexeme geeignet. Manchmal werden Fremdwörter als befremdlich oder unpassend empfunden;
- Ich empfinde Fremdwörter als Bereicherung, weil sie oft neue Töne, Klänge und Bedeutung in die deutsche Sprache bringen, was Abwechslung, Frische und Modernität signalisiert;
- Sie bereichern die deutsche Sprache. Wenn es vorher schon Wörter derselben Bedeutung gab, bereichern Fremdwörter eine Sprache durch synonyme Ausdrücke, wenn nicht, bezeichnen sie etwas Neues, das man sonst nicht mit Mitteln der Zielsprache ausdrücken könnte;
- Jedes neue Wort in der deutschen (oder anderen) Sprache bereichert den Wortschatz, denn somit ist man in der Lage zwischen zwei (oder mehreren) Entsprechungen für ein Wort zu variieren. Zudem gibt es für einige Entlehnungen keine deutsche Entsprechung (z. B. *Make-up*), bzw. sie sind den meisten unbekannt;
- Oftmals bereichern fremde Wörter unsere Sprache. Oft werden sie aber überflüssig oder geschmacklos verwendet;
- Die Fremdwörter sind überflüssig in der deutschen Sprache. Sie sind oft nicht notwendig, weil man häufig ganz einfach in derselben Bedeutung deutsche Wörter benutzen kann;
- Im Großen und Ganzen wird die Sprache durchaus durch Fremdwörter bereichert. Man sollte es jedoch nicht so weit übertreiben, dass man für deutsche Texte ein Englisch-Wörterbuch braucht;
- Solange es im Deutschen kein Äquivalent für bestimmtes Wort gibt, dann haben sie ihre Daseinsberechtigung. Gibt es im Deutschen eine Entsprechung dazu, empfinde ich einige Fremdwörter als überflüssig;
- Es gibt so viele Fremdwörter, die nun nicht mehr als solche gelten. Viele Wörter haben sich eingebürgert. Die „Vermischung" der Sprachen ist eine Reaktion auf die Globalisierung, von daher finde ich diesen Prozess für sinnvoll, da dadurch Deutschland auch modern bleibt;
- Fremdwörter machen die deutsche Sprache vielfältiger;
- Falls es im Deutschen keinen Ausdruck für etwas Bestimmtes gibt – dann ja; ansonsten – nicht;

- Viele Wörter, z. B. aus dem Computerbereich, sind im Englischen entstanden und besitzen keine direkte Übersetzung im Deutschen – in dem Punkt ist es eine Bereicherung für die deutsche Sprache;
- Fremdwörter hören sich manchmal moderner als deutsche Äquivalente an; das ergibt sich oft daraus, dass Englisch die Weltsprache ist; man würde aber auch ohne sie auskommen;
- Sowohl als auch: einige Fremdwörter wären sicher kein Verlust, andere dagegen machen Sinn, und eine deutsche Übersetzung von *Smartphone* klingt sicher nicht gut;
- Beides. Tendenziell würde ich aber eher sagen, dass fremde Worte die Sprache eigentlich immer eher bereichern, bzw. einfach beeinflussen und verändern – Sprachwandel ist aber natürlich;
- Ich denke, dass Fremdwörter ein wesentlicher Bestandteil von Kultur und Sprache sind. Deshalb sollte man sich davor nicht verschließen oder versuchen, sie auszumerzen. Sie gehörten immer schon zur sprachlichen Entwicklung und viele der heutigen „deutschen" Wörter sind lateinischen Ursprungs;
- Fremdwörter bereichern unsere Sprache und sind daher nicht überflüssig. Sie können Sachverhalte kürzer und prägnanter wiedergeben;
- Besonders in den neuen technischen Bereichen stellen die Fremdwörter eine gewisse Ausdruckbereicherung dar. Im Deutschen gibt es kaum Begriffe für *Laptop, Smartphone*;
- Ich vertrete die Meinung, dass Sprache stets dynamisch war und auch bleibt. Jeder Einfluss ist eine Bereicherung;
- Ich finde die fremden Wörter sehr bereichernd, aber ein großer Teil von ihnen ist auch überflüssig;
- Fremdwörter sind nicht überflüssig. Die internationale Verständigung wird dank ihnen erleichtert;
- Teilweise sind die Fremdwörter für das Deutsche eine Bereicherung, besonders wenn es sich um Fachwörter handelt;
- Ja, sie bereichern die deutsche Sprache, aber nur bis zu einem gewissen Ausmaß. Dadurch, dass man früh Englisch in der Schule lernt, bekommen Fremdwörter + `deutsch-fremdsprachliche Mixe` den Code-Switching-Charakter;
- Fremdwörter können die internationale Kommunikation fördern. Trotzdem denke ich, dass viele Wörter überflüssig sind, da ihre deutschen Alternativen vorhanden sind;
- Ja, sie bereichern die deutsche Sprache in lexikalischer, jedoch nicht in syntaktischer oder morphologischer Hinsicht;

- Sowohl als auch. Ich denke, es kommt immer auf die Situation, die Wörter bzw. Sprache an;
- Es kommt darauf an. Manche Wörter sind überflüssig und nur zu Werbezwecken gedacht. Andere bereichern den deutschen Wortschatz, beispielsweise *Buggy*, welcher nicht mit Kinderwagen übersetzt werden darf;
- Sie bereichern die deutsche Sprache. Einige Fremdwörter sind allerdings überflüssig;
- In einer zunehmend globalisierten Welt sind sie eine Bereicherung der Sprache;
- Solange es im Deutschen kein Äquivalent gibt, sind die Fremdwörter eine Bereicherung des lexikalischen Bestands des Deutschen. Nur aus Prestigegründen entlehnte Wörter sind überflüssig. Die Funktionalität der entlehnten Wörter ist hier entscheidend;
- Sie bereichern die deutsche Sprache, da sie oft präziser sind oder schöner klingen;
- Teils, teils. Zum einen hat man Ausdrücke für Dinge, Sachverhalte, die man nicht kennt, zum anderen hören sich manche Fremdwörter zu gewollt an;
- Konstruktionen wie unter Punkt 4 des Fragebogens sind überflüssig. Eine klare Struktur ist wichtig, kein „Denglisch";
- Oft sind die Fremdwörter überflüssig, da man dasselbe meist auch auf Deutsch ausdrücken könnte. Gerade in der Werbung nerven die vielen Fremdwörter;
- Fachwortschatz (z. B. *IT-Branche*) bereichert und vereinfacht internationale Kommunikation. Freizeitworte wie *chillen* oder *shoppen* empfinde ich als überflüssig, denn bislang konnte man diese Tätigkeiten genauso gut mit deutschen Lexemen ausdrücken."

Die Montessori-Lehrer und -Betreuer haben sich folgenderweise zu der gestellten Frage geäußert:

- „Teilweise sind die Fremdwörter aber notwendig, z. B. für das internationale Verständnis;
- Auf alle Fälle bereichert der fremde Wortschatz unsere Muttersprache, aber ich muss nicht alles englisch ausdrücken, z. B. ich kann weiterhin `unsere Kinder` sagen und nicht von `Kids` sprechen;
- Es muss nicht für alle Wörter immer ein englisches Wort geben. Wir sollen in unserem Heimatland immer die eigene Muttersprache sprechen;
- Im richtigen und ausgemessenen Zusammenhang finde ich die Benutzung der Fremdwörter in der deutschen Gegenwartssprache OK und bereichernd. Vielleicht sollten sie nicht unbedingt zu einem komplexen Wort mit einem deutschen Wort kombiniert sein;

- Einige Wörter sind überflüssig. Vorher ging es auch ohne Fremdwörter. Die Umbenennungen von bestimmten Berufsgruppen klingen positiver, aber auch kompliziert;
- Wörter, die für Marketing genutzt werden um den Verkauf von Konsumgütern anzutreiben halte ich für unnötig;
- Ich finde Fremdwörter überflüssig – wir leben hier, unsere Sprache ist Deutsch;
- Meiner Meinung nach kommt es darauf an, in welchen Kreisen man verkehrt. Wenn man z. B. mit Kindern arbeitet, dann muss man keine Fremdwörter verwenden. In der Politik allerdings schon. Es kommt immer auch auf die Art der Fremdwörter an;
- Ich finde nicht, dass Fremdwörter überflüssig sind. Sie geben der deutschen Sprache einen anderen Klang, sie internationalisieren Deutsch;
- Ich würde sagen, durch diese Fremdwörter bekommen wir Deutschen einen völlig neuen Zugang zu der englischen Sprache. Sie erscheint nicht mehr so fremd;
- Ich halte sie für bereichernd. Es ist auch normal, dass Worte aus anderen Sprachen entlehnt werden. Das passiert in allen Sprachen seit Jahrhunderten und zeigt, dass eine Sprache `lebt`;
- Wir „arbeiten" mit vielen Fremdwörtern in unserer Sprache und das ist ganz normal. Mich stört das künstliche, „aufgesetzte" Verenglischen; es ist unnötig;
- Ich finde, Fremdwörter sind im Deutschen eigentlich überflüssig. Es gibt, so glaube ich, kein anderes Land, das so viele englische Wörter gebraucht."

Die vielfältigen, wortwörtlich angeführten Antworten der Probanden lassen sich mit einigen Sätzen zusammenfassen. Die Mehrheit der einfachen Sprachnutzer der deutschen Gegenwartssprache betrachtet die Fremdwörter, die in ihre Muttersprache einfließen – worunter meistens Anglizismen von ihnen verstanden werden – als Bereicherung und Ausdruckserweiterung der einheimischen Lexeme, und dies besonders im Bereich des Fachwortschatzes. In den Antworten der Probanden lässt sich ebenfalls deutlich erkennen, dass sie sich dessen bewusst sind, dass sich die Sprachen und Kulturen der globalisierten Welt mischen, beeinflussen und ergänzen. Die Probanden wissen auch, dass dieser Prozess nicht nur der Gegenwartssprache eigen ist, sondern dass er schon seit Jahrhunderten die Entwicklung der Sprachen und Kulturen der Welt prägt. In der Epoche des englischen Einflusses wissen die Befragten zu schätzen, dass durch Entlehnungen aus dem Englischen die deutsche Sprache internationalisiert und dadurch verständlicher für andere Nationen wird. Ferner wird dadurch das internationale Verständnis gefördert. Die Anwesenheit der englischen Ausdrücke im Deutschen verursacht, dass die Deutschen einen 'völlig neuen Zugang zu der englischen Sprache' bekommen, wodurch sie ihnen nicht mehr so fremd erscheint und auch leichter zu erlernen ist. Fremd-indigene Konstruktionen, die in Form von Hybridbildungen realisiert werden, bewegen die Gemüter auf eine ähnliche Art. Von vielen werden sie als die nächste Phase des Assimilationsprozesses betrachtet, und somit als natürlichen Prozess der Sprachentwicklung, andere sind wiederum skeptisch derartigen Kombinationen gegenüber eingestellt.

Auf die Kritik der Befragten stößt eine unüberlegte Übernahme der fremden Ausdrücke, was dann der Fall ist, wenn der gemeinte Inhalt genauso gut mit dem indigenen Wortschatz ausgedrückt werden kann. Dies ist ein Problem, das seit Jahrhunderten nicht nur die Sprachpfleger tief bewegt. Die Befragten identifizieren sich mit ihrer Muttersprache und betonen, dass die deutsche Sprache vielfältiger ist, als viele denken. Deswegen ist ihrer Ansicht nach das 'künstliche, „aufgesetzte" Verenglischen' entbehrlich und führt zu Fehlschlägen der Kommunikation. Das einmal Genannte sollte man nicht mehr umbenennen, und dies nur um das Publikum/ die Rezipienten durch das internationale Flair zu bestechen, wie z. B. im Falle der Werbung.

3.3.10 Analyse der 10. Fragebogenfrage

Die zehnte Frage des analysierten Fragebogens ist eine geschlossene Frage. Die Informanten haben zu dem erfragten Sachverhalt wie folgt Stellung genommen:

Germanistikstudenten:

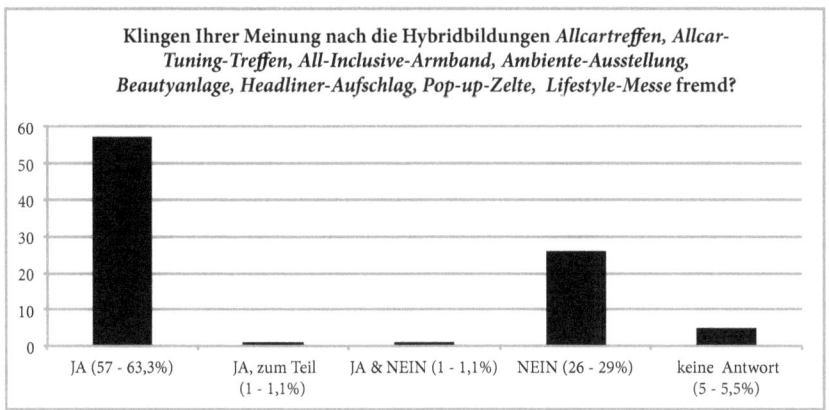

Diagramm Nr. 10.1

Montessori-Hort-Lehrer und -Betreuer:

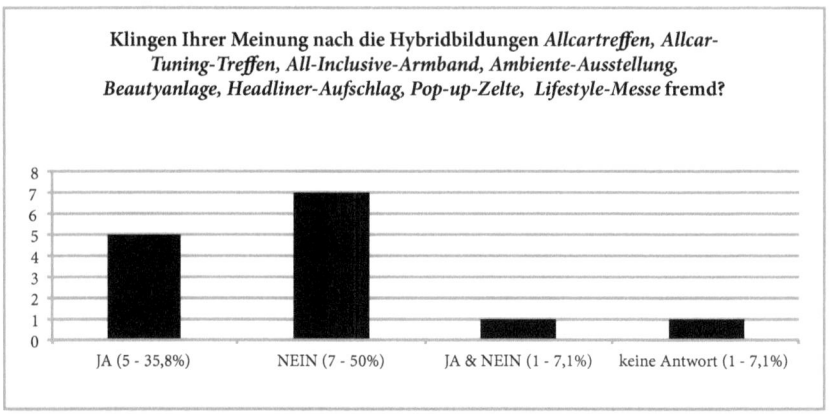

Diagramm Nr. 10.2

Die zur Frage Nummer 10 erarbeitete Hypothese Nr. 11 nahm an, dass viele im Deutschen verwendete Hybridbildungen fremd klingen. Hier sind die Untersuchungsergebnisse sehr interessant ausgefallen. Die erste Gruppe von Probanden – die Germanistikstudenten – hat die Untersuchungshypothese bestätigt – 63,3 % der Befragten haben angegeben, dass die im Fragebogen präsentierten beispielhaften Hybridbildungen für sie fremd klingen. Für fast ein Drittel (29 %) haben die hybriden Bildungen keinen fremden Klang. 2,2 % der befragten Studenten konnten sich für eine definitive Antwort auf diese Frage nicht entscheiden – die Hybridbildungen klingen ihrer Meinung nach „zum Teil fremd" oder „einerseits klingen sie fremd und andererseits wieder nicht". Es hängt wohl von dem konkreten Beispiel ab. Die in der Frage angeführten Beispiele haben, wie aus dem Diagramm zu ersehen ist, gemischte Emotionen geweckt. 5,5 % der Probanden haben keine Antwort auf diese Frage gegeben, was meiner Meinung nach damit verbunden sein kann, dass viele deutsche Muttersprachler solchen deutsch-fremdsprachlichen Mischlingen eigentlich keine Aufmerksamkeit mehr schenken. Derartige Formationen gibt es einfach im Deutschen. Aufgrund der Englischkenntnisse – vor allem der jüngeren Generation – werden sie als nichts Besonderes empfunden, erregen keine Aufmerksamkeit. Sie gehören zu einer bestimmten Aussage, werden von den Rezipienten im Kontext verstanden und niemand bemüht sich, diese aus dem Kontext herauszulösen, um sie zu übersetzen. Ihre Existenz im Deutschen und ihre Beteiligung an den

Wortbildungsprozessen wird somit akzeptiert. Im Falle der zweiten befragten Gruppe hat sich die Untersuchungshypothese bei 50 % der Probanden nicht bestätigt. Weniger als die Hälfte, d. h. 35,8 % der Montessori-Lehrer und -Betreuer vertreten den Standpunkt, dass die Hybridbildungen in ihrer Muttersprache fremd klingen. Eine Person konnte sich für keine der angegebenen Antworten entscheiden und signalisierte durch die Wahl beider Antworten, dass sie eine Mittelstellung bezüglich des Problems der Fremdheit von Hybridbildungen einnimmt. Eine befragte Person hat keine Antwort auf die zehnte Frage erteilt. Dadurch hat sie jedoch ebenso ihre Unentschiedenheit geäußert, die relativ viele Probanden während der durchgeführten Umfrage begleitete.

Das Phänomen der Hybridbildungen im Deutschen ruft viele sowohl positive als auch negative Assoziationen hervor. Von einigen wird es als Ausdruckserweiterung der deutschen Sprache angesehen, von vielen wird es nicht wahrgenommen, von den anderen wieder wird es verpönt – und dies alles spiegelt sich in den erteilten Antworten wider.

3.3.11 Analyse der 11. Fragebogenfrage

Die elfte Frage ist eine offene Frage, die die Form einer produktiven Aufgabe hat. Die Probanden wurden gebeten, eine deutsche Entsprechung zu den angegebenen Anglizismen zu schreiben. Als Beispiel wurde das Wortpaar: *der Service – die Werkstatt* angegeben.

In der zu diesem Teil des Fragebogens aufgestellten Hypothese (Nr. 12) wurde angenommen, dass die deutschen Muttersprachler für jeden im Deutschen verwendeten Anglizismus eine deutsche Entsprechung nennen können. Die diesen Aspekt betreffende Untersuchung hat folgende Ergebnisse ergeben.

Die Germanistikstudenten haben zu den aufgezählten Anglizismen nachstehende deutsche Entsprechungen angegeben, wobei zu bemerken ist, dass einige Befragte mehr als eine deutsche Entsprechung zu den bestimmten Anglizismen angegeben haben:

Tabelle 11.1

Anglizismus	Deutsche Entsprechung(en) des Anglizismus
chillen	-[17] (4x)[18], ausruhen (46x), sich ausruhen, entspannen (34x), ausruhen in Gruppe, erholen (2x), sich erholen (2x), erholen (sich), abhängen (2x), faulenzen, ausspannen (2x), gammeln (2x), rumhängen
After-Sun	- (23x), nach dem Sonnen (24x), nach dem Sonnenbad (19x), nach dem Sonnen(bad), nach der Sonne (15x), nachts, Panthenol, Sonnenbrand, Creme nach dem Sonnenbad, Sonne nach ...?, nach Sonnen (2x), nach Sonne, after Sonnen, nach dem Bräunen (2x), Nachsonnen
Beauty	- (4x), Schönheit (79x), Pflege (3x), schön (3x), Mode, Schönheitspflege (2x)
City	Stadt (74x), Innenstadt (15x), Mitte, (Innen-)Stadt (4x), (Groß-)Stadt (2x), (Zentrum), Großstadt
Shop	Laden (56x), Geschäft (38x), kleine Geschäftsstelle, Einkaufsladen (4x), Markt, Einkaufshalle, (Einkaufs-)Laden, Supermarkt
Party	- (6x), Feier (73x), Party (3x), Fest (9x), Fete, Veranstaltung, *gibt nichts*[19], Feier?, Feierlichkeit
online	- (36x), anwesend im Internet, im Internet (11x), im Netz (9x), im Netz verfügbar, angemeldet, im Internet aktiv (2x), im Internet sein (4x), erreichbar (2x), aktiv mit dabei, *notwendige Entlehnung, sie hat keine direkte Übersetzung ins Deutsche*, verfügbar (2x), im Internet anwesend sein, internetanwesend, im Netz sein (32x), online (2x), mit Internet verbunden, mit dem Internet verbunden, Erreichbarkeit im Internet, an Start sein, auf Sendung, aktiv im Internet sein, netzverbunden, digital präsent, im Internet verfügbar, anwesend im Netz, verbunden, im Internet tätig
Coach	- (11x), Trainer (45x), Trainer *(aber auch kein deutsches Wort – nur eingedeutschtes)*, Trainer (?), Leiter, Lehrer (14x), Helfer (2x), *es ist kein Begriff in der deutschen Sprache vorhanden – Trainer ist auch eine Entlehnung*, Ausbilder (5x), Ratgeber, Übungsleiter (4x), Sofa (4x), Anleiter (2x), Mannschaftsleiter, Sessel, Sportlehrer, Tutor
mobil	- (21x), beweglich (33x), zugänglich, unterwegs (14x), mobil (3x), auswärts erreichbar (4x), verfügbar (3x), drahtlos, tragbar (2x), flexibel (3x), Handy,?Netz/Handy, erreichbar auf Telefon, für unterwegs (2x), aktiv, telefonisch *(ich bin nicht sicher)*, nicht fest, ein Auto etc. besitzen, fahrbar, schnurlos, transportabel

---

17 Mit dem Bindestrich („-") wurde markiert, dass für die bestimmte Entlehnung von den Befragten keine Entsprechung im Deutschen angegeben wurde.
18 Die Ziffer in Klammern informiert darüber, wie viele Probanden die bestimmte Entsprechungsvariante angegeben haben (z. B. 4x – vier Befragte haben solch eine Übersetzungsvariante ins Deutsche genannt).
19 Kursiv markiert wurden Bemerkungen der Befragten über die Notwendigkeit des Gebrauchs bestimmter Entlehnungen im Deutschen.

Anglizismus	Deutsche Entsprechung(en) des Anglizismus
Laptop	- (38x), Klapprechner (6x), Schoßrechner, Schoß-Rechner, Computer (3x), Laptop (2x), tragbarer Computer (9x), kleiner Rechner (2x), *es ist notwendige Entlehnung*, drahtloser Computer, tragbarer Rechner (10x), aufklappbarer Rechner, Rechner (4x), tragbarer PC (4x), tragbare Rechenmaschine (3x), Klappding, kleiner PC, kleiner Computer, mobiler Rechner, transportierbarer Rechner
Event	- (7x), Ereignis (25x), besonderes Ereignis, Veranstaltung (48x), Fest, Feierlichkeit, Geschehnis, Höhepunkt, Anlass (2x), Spektakel (2x), Großveranstaltung, (Groß-)Veranstaltung, großer Spaß, große Feier
Center	- (14x), Einkaufszentrum (6x), Mittelpunkt, Zentrum (47x), Zenter (2x), Einkaufserlebnis, *es ist notwendige Entlehnung*, Markthalle (2x), Zentrale (2x), (Einkaufs-)halle, Gebäude (2x), Forum, Passage, großes Geschäft, Halle mit Läden, großes Haus mit vielen Geschäften, Kaufhaus, Halle (2x), Laden, Einkaufsmeile, Station, mehrere Geschäfte/ Läden, großes Geschäft, Passage *(französisch)*

Bei den Montessori-Lehrern und -Betreuern konnten folgende Ergebnisse verzeichnet werden:

Tabelle 11.2

Anglizismus	Deutsche Entsprechung(en) des Anglizismus
chillen	- (2x), ausruhen (3x), unterhalten, entspannen (4x), ausruhen (3x)
After-Sun	-, nach der Sonne (10x), abends, nach dem Sonnen (2x), nach dem Sonnenbad
Beauty	-, Schönheitspflege, Schönheit (9x), schön (4x)
City	Zentrum (3x), Stadt (11x), Innenstadt (2x), Stadt(mitte)
Shop	Geschäft (7x), Laden (8x)
Party	Feier (13x), Fest
online	- (4x), im Netz (3x), im Internet (5x), im Internet aktiv sein, aktiv sein
Coach	Trainer (8x), Lehrer (6x), Übungsleiter, Chef, Berater
mobil	-, beweglich (7x), Telefon, unterwegs (3x), bewegungsfähig, flexibel sein, frei
Laptop	- (4x), tragbarer Rechner (2x), Computer (3x), tragbares Elektrogerät, Tastatur mit Monitor in einem, das Gerät um z.B. ins Netz zu kommen, Klapp-Rechner, der aufklappbare Computer, tragbarer Computer
Event	-, Veranstaltung (11x), Ereignis (3x), große Feier, Feier, Fest
Center	- (2x), großer Markt, Marktplatz, Zentrum (2x), großes Einkaufszentrum, Einkauf, großes Gebäude, mehrstöckiges Gebäude, großes Gebäude mit Geschäften, Einkaufszentrum, die Einkaufshalle, große Einkaufsmöglichkeit, Ort

Anzumerken ist hier, dass einige Befragte mehr als eine deutsche Entsprechung zu den bestimmten Anglizismen angegeben haben. Einzelne wiederum haben kein Entsprechungsbeispiel angeführt oder Bemerkungen über die Notwendigkeit des Gebrauchs bestimmter Entlehnungen im Deutschen gemacht (was kursiv in der Tabelle markiert wurde), da das Deutsche ihrer Ansicht nach über keine synonyme Variante verfügt. Es ist auch zu schlussfolgern, dass in vielen Fällen – besonders dort, wo mehrere Übersetzungsvarianten der jeweiligen Entlehnung von den Befragten angegeben wurden – die Entlehnungen, vor allem die aus dem Englischen, trotz ihres Gebrauchs nicht notwendig für die Realisierung des Kommunikationsziels sind, da die deutsche Sprache über entsprechende indigene Bedeutungsvarianten verfügt. In einigen Fällen ist es aber so, dass das entlehnte Lexem die Realisierung des Kommunikationsvorhabens nicht nur fördert, sondern überhaupt erst möglich macht. Um die Nuancierung der Bedeutung erfassen zu können, greifen die Sprachnutzer nach verschiedenen Mitteln. Fremdwortgebrauch sowie Bildung hybrider Konstruktionen sind wichtige Mittel, die die eigene Sprache zu bereichern vermögen. Schon Goethe und den Frühromantikern ging es wenig darum, dem Denken der anderen Nationen keine Bedeutung beizumessen. Eben durch das Kennenlernen des Fremden wollten sie das Eigene bereichern (vgl. Bär 1999: 273).

3.3.12 Analyse der 12. Fragebogenfrage

Die zwölfte Frage des Fragebogens ist eine geschlossene Frage, in der nach der Entscheidung für eine Antwort nach der Begründung gefragt wird. Die/der Befragte sollte in jedem der sechs zitierten Sätze[20] die eventuelle Verstehensprobleme bereitenden Wörter unterstreichen.

In der Untersuchungshypothese (Nr. 13), die zu der zwölften Frage aufgestellt wurde, wurde angenommen, dass nicht alle Deutschen alle Aussagen, die im Gegenwartsdeutschen formuliert werden, verstehen können, und dass es Wörter gibt, die das Verstehen dieser Aussagen erschweren. Die Ergebnisse der diese Frage betreffenden Analyse werden im Folgenden präsentiert. Jeder der sechs Sätze, bei denen vermutet werden kann, sie können an einigen Stellen nicht verstanden werden, wird separat analysiert. Bei der Besprechung der einzelnen Sätze wird

---

20 Es handelt sich dabei um authentische Sätze, die während der Korpusgewinnung für die Studie „Fremde Elemente in Wortbildungen des Deutschen. Zu Hybridbildungen in der deutschen Gegenwartssprache am Beispiel einer raumgebundenen Untersuchung in der Universitäts- und Hansestadt Greifswald" (Dargiewicz 2013) aus den recherchierten Quellen herausnotiert wurden.

weiterhin die Einteilung der Befragten in zwei Gruppen berücksichtigt: Germanistikstudenten und Montessori-Lehrer und -Betreuer.

a-Satz[21] – Analyse der Ergebnisse:

Germanistikstudenten:

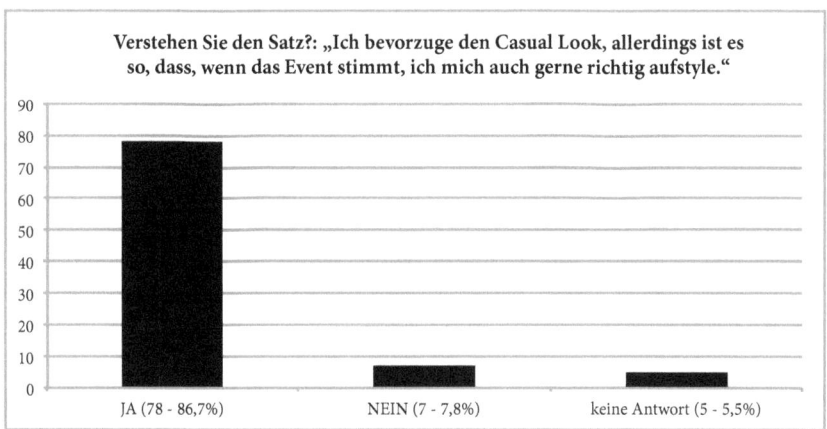

Diagramm Nr. 12.1

Im Falle des ersten, des a-Satzes, haben 86,7 % Germanistikstudenten angeführt, dass sie den Satz verstehen. 7,8 % haben zugegeben, den Satz nicht ganz verstanden zu haben. Sechsmal wurde das Wort *Casual* als verstehensstörendes Wort unterstrichen. 5,5 % der Befragten äußerten sich nicht zu dem erfragten Problem.

Es kann vermutet werden, dass diejenigen, die keinen verstehensstörenden Faktor in dem analysierten Satz gefunden haben, der englischen Sprache mächtig sind, oder dass ihnen die Bedeutung der fremden Lexeme bekannt ist, da sie ihnen schon begegnet sind. Das Wort *casual* kann mit dem deutschen Lexem *lässig* übersetzt werden. Die übrigen Anglizismen wurden von den Germanistikstudenten nicht unterstrichen, was davon zeugt, dass ihnen ihre Bedeutung bekannt ist.

---

21 Die bestimmten der Analyse unterzogenen Sätze wurden im Fragebogen mit den folgenden Alphabetbuchstaben (von a bis f) gekennzeichnet. In der Beschreibung der Analyseergebnisse wurde diese Kennzeichnung beibehalten.

Montessori-Lehrer und -Betreuer:

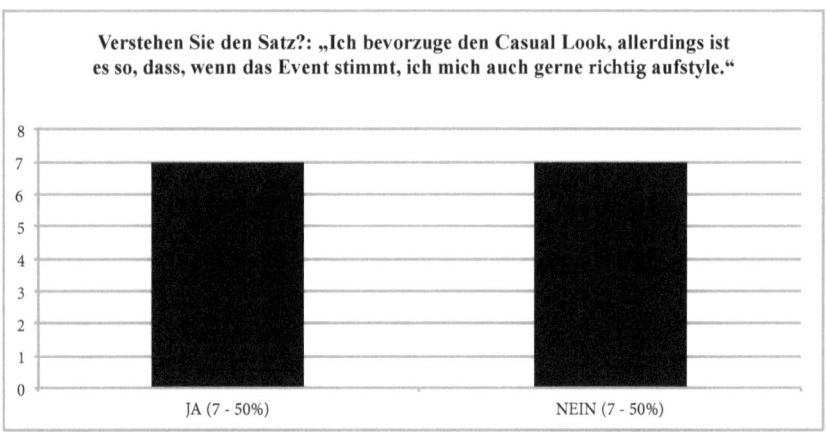

Verstehen Sie den Satz?: „Ich bevorzuge den Casual Look, allerdings ist es so, dass, wenn das Event stimmt, ich mich auch gerne richtig aufstyle."

JA (7 - 50%)   NEIN (7 - 50%)

Diagramm Nr. 12.2

Die Antworten der Lehrer waren zu je 50 % für jede Antwortvariante geteilt. Hier kann vermutet werden, dass die älteren von ihnen mit der englischen Sprache nicht ganz vertraut sind. Darauf verweisen auch die von den Befragten unterstrichenen Teile der Sätze: *Casual Look* wurde 4-mal, und das einzelne Wort *Casual* 3-mal unterstrichen. Das englische Lexem *casual* ist in dem analysierten Satz Träger einer sehr wichtigen Bedeutung, um nicht zu sagen, der Schlüsselbedeutung. In diesem Falle kann festgestellt werden, dass das Nichtverstehen der von 50 % der Probanden unterstrichenen Passage zum Fehlschlag der Kommunikation führt. Die Grundkenntnisse der englischen Sprache reichen hier m. E. nicht aus, um die in dem Satz kodierte Information zu entschlüsseln.

b-Satz – Analyse der Ergebnisse:

Germanistikstudenten:

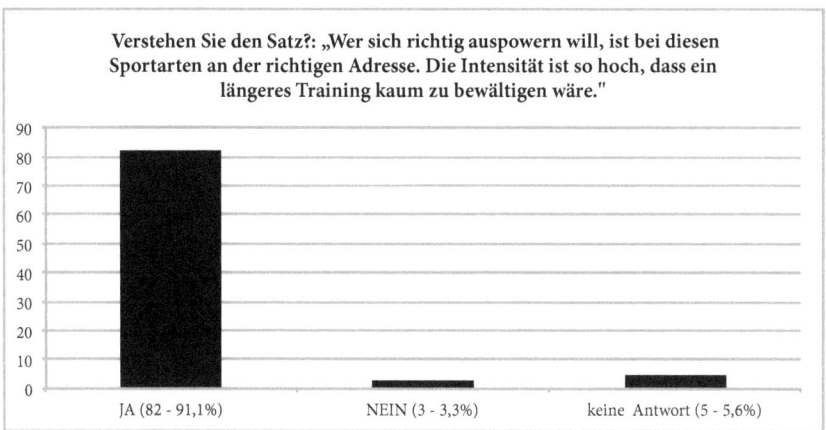

Diagramm Nr. 12.3

Den b-Satz haben 91 % der Germanistikstudenten verstanden. Für 3,3 % war der Satz unverständlich. Der Grund dafür war das Verb *auspowern* – 3-mal unterstrichen. Die verbale Hybridbildung *auspowern* ist ein gutes Beispiel dafür, dass die deutschen Muttersprachler nicht nur bestimmte Lexeme aus dem Englischen entlehnen, sondern auch diese in die Wortbildungsprozesse innerhalb der deutschen Sprache integrieren, infolge deren neue indigen-fremde bzw. fremd-indigene lexikalische Einheiten entstehen (dazu ausführlich Dargiewicz 2013). Dies führt auf der einen Seite zur Erweiterung der Ausdrucksmöglichkeiten des Deutschen, auf der anderen Seite stiftet es oft Verwirrung auf der Verstehensebene, denn die Sprachnutzer sind sich bei solchen Mischlingen unsicher. Außer den Schwierigkeiten bei der Erschließung der Bedeutung solcher Gebilde bestehen Unsicherheiten bezüglich der Formenbildung solch eines komplexen hybriden Wortes.

5,6 % der Probanden haben keine Antwort erteilt, was daraus abzuleiten ist, dass man im Falle jeder Befragung mit einer bestimmten Quote rechnen muss, die sich für die Analyse nicht eignet.

Montessori-Lehrer und -Betreuer:

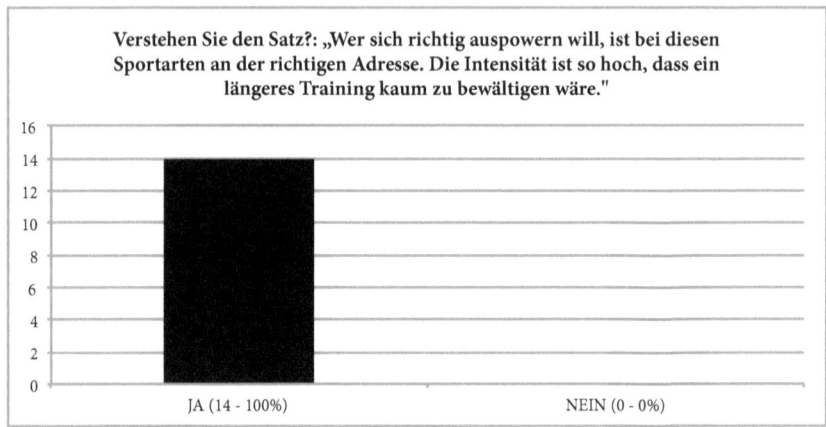

Diagramm Nr. 12.4

Die befragte Gruppe der Lehrer und Betreuer hatte mit dem b-Satz keine Verstehensprobleme, was daraus ersichtlich ist, dass die Frage von allen bejaht und nichts unterstrichen wurde. Es kann also geschlussfolgert werden, dass die angesprochenen Hybridbildungen nicht immer und nicht bei jedem Kommunikationsteilnehmer als verstehensstörender Faktor wirken. Viele Hybridbildungen sind inzwischen zum Bestandteil der Alltagssprache geworden, wie z. B. *Spiel-Set, Bio-Laden, abchecken, Kinderbuggy*, so dass sie nicht mehr als fremd oder eigenartig empfunden werden.

c-Satz – Analyse der Ergebnisse:

Germanistikstudenten:

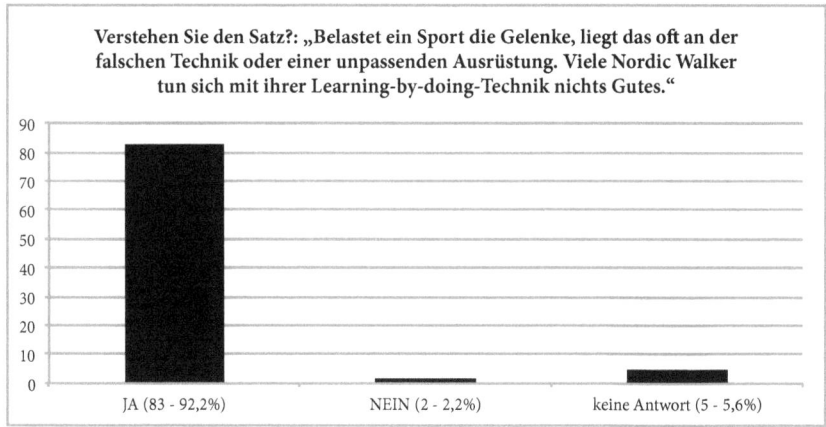

Diagramm Nr. 12.5

Montessori-Lehrer und -Betreuer:

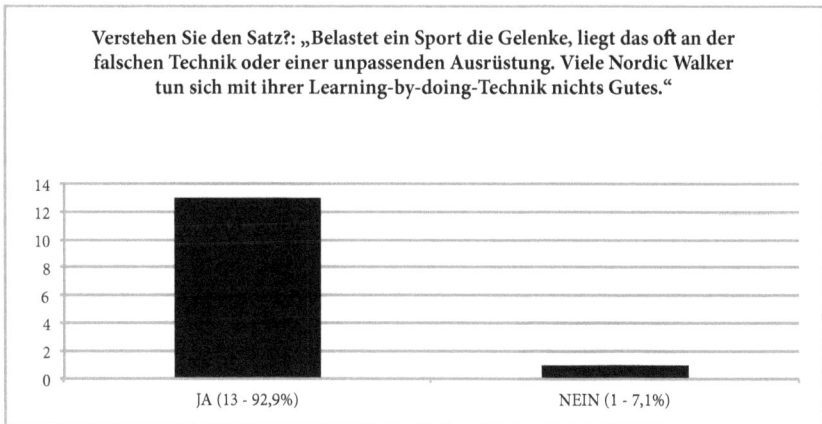

Diagramm Nr. 12.6

Sowohl in der befragten Gruppe der Germanistikstudenten als auch der der Lehrer und Betreuer hatten mit dem c-Satz lediglich 3 Personen Verstehensprobleme (zwei befragte Germanistikstudierende und eine befragte Person unter den Lehrern/Betreuern). 5,6 % der Germanistikstudierenden haben keine Antwort erteilt. In beiden Gruppen wurde dasselbe fremde Determinans (Bestimmungswort) als Verstehensprobleme bereitendes Element unterstrichen: *Learning-by-doing* in der hybriden Zusammensetzung *Learning-by-doing-Technik*.

d-Satz – Analyse der Ergebnisse:

Germanistikstudenten:

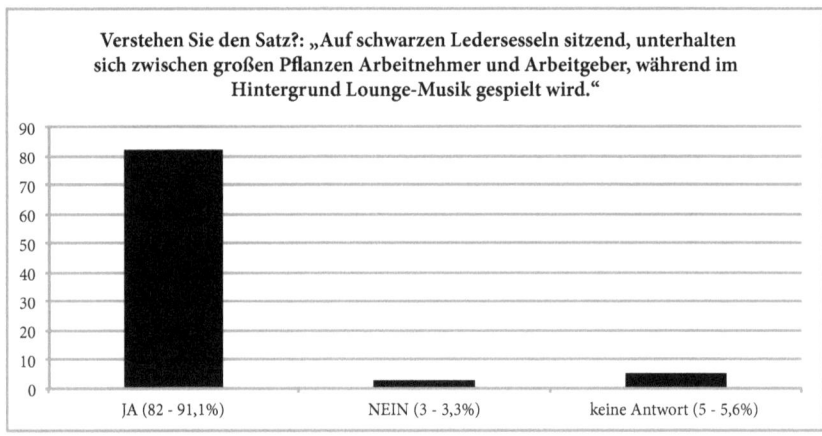

Diagramm Nr. 12.7

Montessori-Lehrer und -Betreuer:

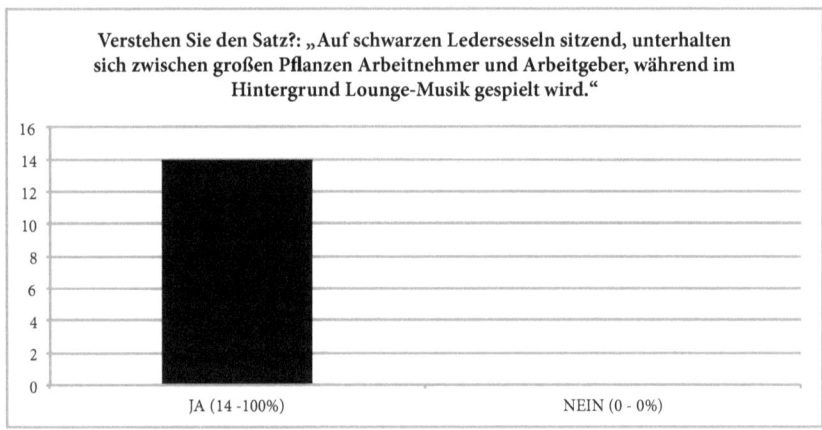

Diagramm Nr. 12.8

Im Falle des den Befragten zur Analyse gegebenen d-Satzes sind die Ergebnisse ähnlich wie im Falle der vorangehenden Sätze ausgefallen. Von 82 Germanistikstudenten (91,1 %) wurde der zitierte d-Satz verstanden. In dieser Befragtengruppe gab es lediglich 3 Personen (3,3 % aller befragten Studenten), die den präsentierten Satz nicht verstanden haben bzw. Verstehensprobleme damit hatten. Zugleich haben sie das fremde Determinans (Bestimmungswort) *Lounge* in der hybriden Zusammensetzung *Lounge-Musik* als Verstehensprobleme bereitendes Element unterstrichen. 5 Informanten (5,6 %) erteilten wiederum keine Antwort. Es waren dieselben befragten Personen, die sich im Falle der Sätze a, b und c auch für keine Antwort entschieden haben. Im Falle der nächsten zwei Sätze e und f wiederholt sich die Zahl der Personen, die keine Antwort erteilt haben. 100 % der Montessori-Lehrer und -Betreuer haben angegeben, den d-Satz verstanden zu haben.

e-Satz – Analyse der Ergebnisse:

Germanistikstudenten:

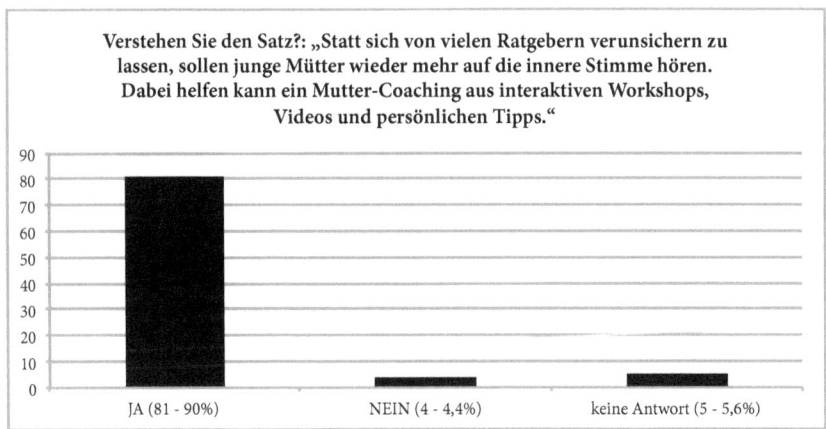

Diagramm Nr. 12.9

Montessori-Lehrer und -Betreuer:

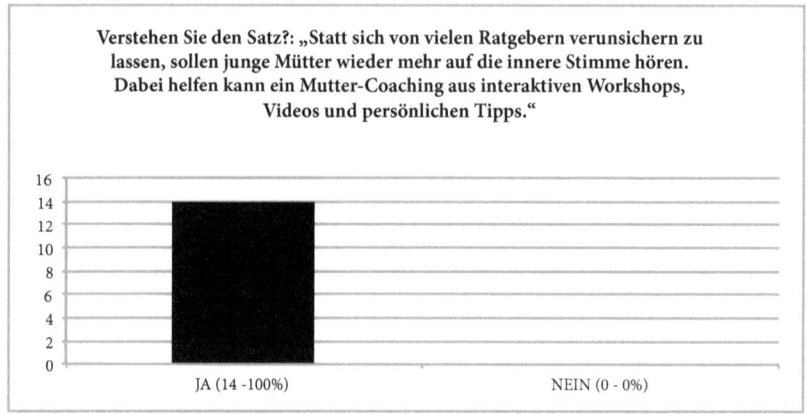

Diagramm Nr. 12.10

Der e-Satz wurde ebenfalls von den meisten befragten Studenten (90 %) und allen Lehrern/Betreuern (100 %) verstanden. Unter den Studenten gab es 4 Personen (4,4 %), die die Aussage des fünften Satzes nicht verstanden haben, bzw. Verständnisschwierigkeiten hatten, die das hybride Bindestrichkompositum *Mutter-Coaching* bereitete (4-mal als Verstehensprobleme bereitendes Wort unterstrichen). Fünf Probanden (5,6 %) erteilten auch im Falle dieses Satzes keine Antwort.

f-Satz – Analyse der Ergebnisse:

Germanistikstudenten:

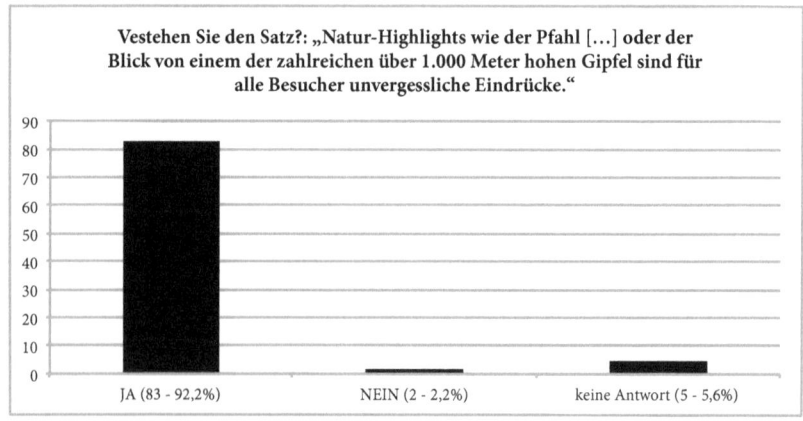

Diagramm Nr. 12.11

Montessori-Lehrer und -Betreuer:

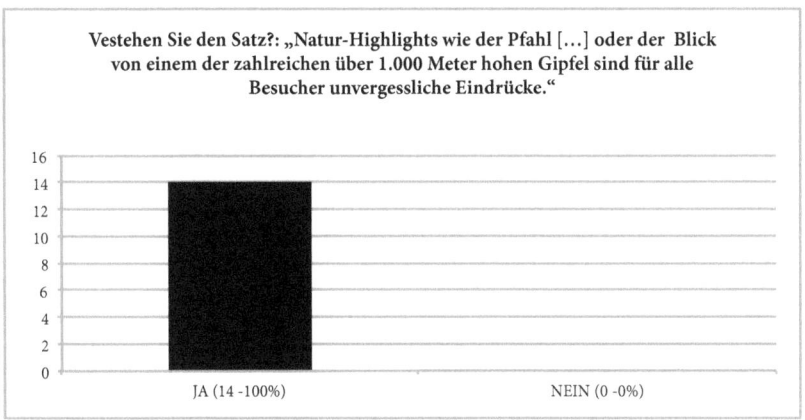

Diagramm Nr. 12.12

Die Rezeption des letzten Satzes wurde ebenfalls nur bei wenigen Befragten von für sie unbekannten, Verstehensprobleme bereitenden Wörtern gestört, und zwar bei 2 Personen unter den Germanistikstudenten, was 2,2 % der ganzen Studentengruppe ausmacht. Als verstehensstörendes Wort wurde hier das hybride Wort *Natur-Highlights* unterstrichen. 5,6 % der Germanistikstudenten haben wie im Falle der Sätze *b* bis *e* ihre Meinung nicht mitgeteilt. Die Gruppe der Lehrer hat den Satz 100-prozentig verstanden.

Gemäß der zu der zwölften Frage formulierten Untersuchungshypothese können nicht alle deutschen Muttersprachler alle Aussagen, die im Gegenwartsdeutschen formuliert werden, verstehen, denn es gibt Wörter, die das Verstehen erschweren. Die Aufstellung solch einer Hypothese war dadurch diktiert, dass man sowohl durch Ausführungen in der thematischen Literatur als auch durch die von den Sprachnutzern in privaten Kreisen geäußerten Meinungen zu dem besprochenen Thema den Eindruck bekommen könnte, Fremdwörter sowie fremde Teile der hybriden Wortbildungen im Deutschen seien keine willkommenen Gäste in der deutschen Sprache, da sie oft Verstehensprobleme bereiten, wodurch die deutschen Muttersprachler irritiert sind. Die Analyse der Stellungnahme der Probanden zu den sechs zitierten Sätzen, die entweder Fremdwörter oder hybride Wortbildungen enthalten, hat diese Annahme bestätigt, obwohl sich herausstellte, dass nur wenige Informanten Probleme mit dem Verstehen der präsentierten Textfragmente hatten: von 2,2 % über 3,3 %, 4,4 %, 7,8 % bis hin zu 50 % (im Falle des a-Satzes – Montessori-Lehrer und -Betreuer). In allen Sätzen wurden

Verstehensprobleme bereitende hybride Wörter (Sätze b-f) oder Fremdwörter (Satz a) von den Probanden unterstrichen. Die Vermutungen haben sich somit bestätigt. Jedoch muss konstatiert werden, dass die Analyse keine beunruhigenden Ergebnisse ergeben hat, die uns zu der allgemeinen Schlussfolgerung geraten ließen: die deutsche Sprache ist nicht mehr deutsch, oder die deutschen Muttersprachler verstehen nicht mehr, was in ihrer Muttersprache ausgedrückt wird. Die hybriden Wortbildungen wirken nur in verhältnismäßig wenigen Fällen kommunikationsstörend.

3.3.13 Analyse der 13. Fragebogenfrage

Ebenfalls bei der dreizehnten Frage, einer geschlossenen Frage, wird nach der Entscheidung für eine Antwortvariante nach der Begründung für die gewählte Antwort gefragt.

Die zur Frage 13 gestellte Hypothese (Nr. 14) setzt voraus, dass die Kommunikation nicht gestört wird, wenn man einige Wörter (z. B. in Form einer Hybridbildung) in einer Aussage, in einem Text nicht versteht. Die Probanden haben zu der gestellten Frage folgendermaßen Stellung genommen: Germanistikstudenten:

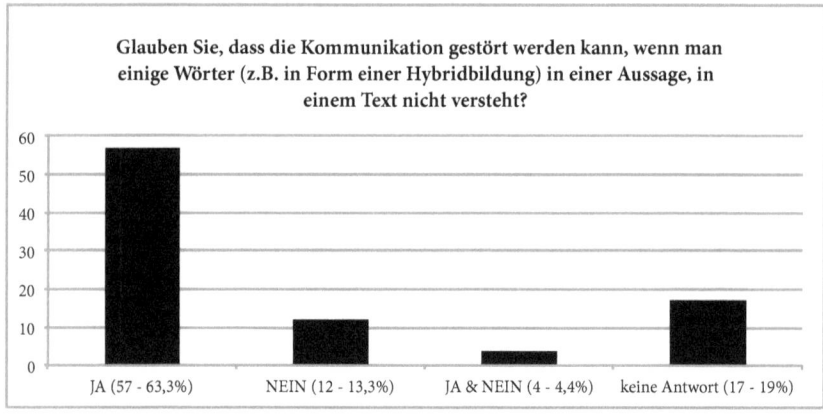

Diagramm Nr. 13.1

Montessori-Lehrer und -Betreuer:

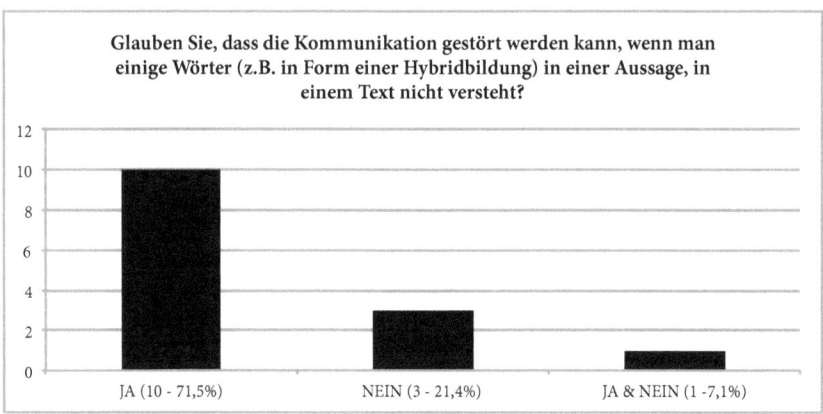

Diagramm Nr. 13.2

Auf die allgemein gestellte Frage, die sich auf keinen Text, kein Satzbeispiel stützt, und die die Hybridbildung als kommunikationsstörenden Faktor aufgreift, haben die meisten Probanden eine bejahende Antwort gegeben. 63,6 % der Germanistikstudenten und 71,5 % der Lehrer/Betreuer vertreten die Meinung, dass die Kommunikation gestört werden kann, wenn man einige Wörter (z. B. in Form einer Hybridbildung) in einer Aussage, in einem Text nicht versteht. Die Analyse der vorangehenden, sich auf konkrete Satzbeispiele stützenden zwölften Frage hat ein solches Ergebnis nicht voraussehen lassen. Zwar wurden während der Bearbeitung der zwölften Frage einige wenige verstehensstörende Wörter von einigen Befragten markiert, aber es war nur ein geringer Prozentsatz und in keinem Fall mehr als die Hälfte. Dies mag darauf hindeuten, dass die Sprachnutzer über sprachliche Phänomene gern allgemein urteilen, ohne sich auf konkrete Beispiele zu stützen. Schließlich wird schon seit eh und je über Fremdwörter, Anglizismen und auch über Hybridbildungen – die Produkt der Mischung der Sprachen der globalisierten Welt und somit ein besonderes Phänomen der deutschen Sprache sind – geklagt. Ihnen wurde und wird (was die Analyse zum Teil ergeben hat) vorgeworfen, dass sie die deutsche Sprache als „Bastardbildungen" verunreinigen (Wilmanns 1899: 382, zitiert nach Müller 2000: 116). Schon Campe (1813: 32, 299, zitiert nach Müller 2000: 115) äußert eine sehr starke Kritik über die Verwendung der „seltsamen Zusammensetzungen" und ist gegen „Wortungeheuer, bei welchen […] Kopf, Rumpf und Schwanz aus zwei oder gar aus drei verschiedenen Sprachen – der Griechischen, Lateinischen und Deutschen zusammengesetzt sind". Die „sprachpuristische Hybridenfurcht" (Polenz 1994: 93) verursachte, dass hybride Bildungen als etwas „Anormales, eigentlich nicht Zulässiges" (ebenda) betrachtet wurden und werden. Die Verbindung nativer und fremder Elemente zu einem Wort ist aber „etwas ganz Natürliches" (ebenda). Dies bezeugen die Beispiele mit fremden Präfixen, die eigentlich nicht mehr als fremd klingend empfunden werden – *unmodern, Exfrau* – oder Zusammensetzungen fremder und indigener Elemente – *Citylauf, Eventbesuch, Fitnessjacke, Outdoorkleidung* (vgl. Dargiewicz 2013). Die im Kontext genutzten Hybridbildungen wundern, wie die Analyse der konkreten Sätze ergeben hat, nur einzelne Befragte. Wenn aber nach der Meinung über diese Phänomene gefragt wird, ohne dabei konkrete Beispiele anzugeben, stoßen sie auf die Kritik einer beträchtlichen Anzahl der Befragten. Es kann vermutet werden, dass dies aus der allgemein herrschenden Meinung über das besprochene Phänomen folgt, die mündlich überliefert und unüberlegt wiederholt wird, und nicht konkret aus der wirklichen Anschauung über diese Bildungen, von denen sich viele im Deutschen eingebürgert haben und die eigentlich niemand aus dem deutschen Vokabular streichen will.

Die befragten Germanistikstudenten haben ihre bejahenden Antworten bezüglich der Störung der Kommunikation im Falle des Nichtverstehens einiger Wörter (z. B. in Form einer Hybridbildung) in einer Aussage, in einem Text folgendermaßen begründet:

- „die Hybridbildungen erschweren das Verstehen des Textes;
- der Sinn kann dann nicht vollständig erfasst werden;
- die Aussage kann durch ein einzelnes Wort erheblich verändert werden. Hybridbildungen sind oft Hauptwörter und können daher das Verständnis empfindlich beeinträchtigen;
- Hybridbildungen machen teilweise den Hauptinhalt einer Aussage aus;
- es ist notwendig, alles in einem Text zu verstehen; Englischkenntnisse sind für das Verstehen der hybriden Bildungen notwendig;
- eine bestimmte Anzahl unbekannter Wörter ist sicher störend bei dem Verstehen des Inhaltes;
- viele, vor allem ältere Sprecher sind des Englischen nicht mächtig (genug);
- manche müssen nachfragen, wenn ein Wort im Text fremd ist, für andere erscheint die Aussage banal;
- Hybridbildungen enthalten teilweise wichtige Zusatzinformationen; Es gelingt aber auch durch überspringen der Worte, sich einiges zusammen zu reimen;
- die Bedeutung so einer Hybridbildung ist meist eindeutig;
- der Sinn der Aussage kann in der Hybridbildung stecken;

- nicht alle Menschen verfügen über das gleiche Wissen auf dem Gebiet der Fremdsprachenkenntnisse;
- es kann sein, dass Personen von unterschiedlichen Dingen oder Themen reden und diese mit hybriden Bildungen kodieren;
- man kann bei manchen Hybridbildungen nicht vom Kontext o. ä. die Bedeutung erschließen;
- man braucht eine Weile für Nachdenken/ Überlegen, was das unbekannte Wort zu verstehen mag; die Kommunikation kann dadurch ständig unterbrochen werden und die Kommunikation lebt doch von gegenseitiger Verständigung;
- man kann auf das vorher Gesagte nicht eingehen und antworten, wenn man ein oder mehrere Wörter nicht verstanden hat;
- die Kenntnisse der anderen Sprache sind notwendig, aber nicht alle beherrschen sie; Manche Wörter sind trotzdem schon bekannt und verbreitet;
- dann ist der Zusammenhang nicht mehr gegeben;
- Verstehen bildet die Grundlage für erfolgreiche Kommunikation;
- z. B. ältere Menschen, die kein Englisch sprechen, können die hybriden Wortbildungen nicht verstehen bzw. damit nicht umgehen;
- der andere Partner kann nicht darauf eingehen, was gesagt wurde und infolgedessen etwas fehlinterpretieren;
- Unverständnis und Verwirrung können auftreten und gelungene Kommunikation kann misslingen/ nicht stattfinden;
- Oftmals reicht der Kontext nicht aus, um die Aussage, in der hybride Formen auftreten, richtig zu deuten;
- Ältere Menschen können Kommunikationsprobleme haben, wenn englische Begriffe benutzt werden;
- Mutmaßungen über die Verstehenslücke müssen angestellt werden und es entstehen Missverständnisse;
- insbesondere können ältere Menschen Schwierigkeiten mit diesen hybriden Wörtern haben; Jugendliche eher nicht;
- es kann zu Missverständnissen führen, jedoch das ist eher der Fall bei der älteren Generation;
- der Hörende überspringt dann den Abschnitt bzw. interpretiert ihn in seinem eigenen Sinne um und die Aussage wird damit bedeutungslos oder bekommt eine andere Bedeutung;
- manchmal kann eine Aussage nur durch dieses eine Wort verstanden werden und wenn das Wort für den Empfänger ein Rätsel bleibt, dann scheitert die Kommunikation;

- ältere Personen haben keine „Denglisch"-Sozialisation erfahren; bei jüngeren Leuten sehe ich das Problem weniger;
- wenn es selten benutzte Hybridbildungen sind und man sie auch nicht mit Hilfe des Kontextes versteht, kann das kommunikationsstörend wirken;
- es kann teilweise passieren, dass die Kommunikation gestört wird, wenn die Aussage zu viele Anteile enthält, die nicht verstanden werden;
- Verständigungsprobleme stellen immer eine Störung der Kommunikation dar;
- mit den Hybridbildungen, die von den Rezipienten nicht verstanden werden, werden Kommunikationskonflikte gefördert;
- die Hybridbildungen werden dann wahrscheinlich von denjenigen, die sie nicht richtig verstehen, nicht korrekt angewendet;
- entweder muss nachgefragt werden oder man versteht und interpretiert den Sinn der Aussage falsch;
- man weiß nicht, was genau gemeint ist und dann kommt es zu Missverständnissen;
- man muss erst eine entsprechende Übersetzung machen, was nicht immer gelingt;
- der Sinn kann so nicht erschlossen werden und Missverständnisse treten auf;
- die Proposition des Satzes besteht eventuell nicht mehr;
- man bringt die Bedeutung oft nicht mit dem Wort in Verbindung;
- wichtige Informationen können verloren gehen;
- Die Kommunikation kann fehlschlagen, wenn das Wort die Kernaussage beinhaltet oder ein wichtiger Bestandteil dieser ist."

13,3 % der Germanistikstudenten stehen auf dem Standpunkt, dass die Kommunikation <u>nicht</u> gestört wird, wenn man einige Wörter (z. B. in Form einer Hybridbildung) in einer Aussage, in einem Text nicht versteht, weil:

- „normalerweise der restliche Text die Möglichkeit gibt, sich diese Bedeutung zu erschließen;
- man meistens unverständliche Wörter aus dem Kontext erschließen kann;
- der Kontext beim Verstehen hilft;
- der Kommunikationspartner in diesem Fall ja nachfragen kann und damit kann Kommunikation in Gang gehalten werden;
- der Kontext oftmals ausreichend sein dürfte, um ein Fremdwort zu verstehen;
- jeder Sprachteilnehmer/-in Lesestrategien besitzt und anpassungsfähig ist; zudem sind viele Fremdwörter in der Alltagssprache präsent; schließlich versteht man auch den Textsinn, auch wenn man mal nicht jedes Wort versteht;
- man diese auch aus dem Kontext schlussfolgern kann;

- sich die Bedeutung der Hybridbildung meist aus dem Zusammenhang ergibt;
- man sich das fremdklingende Wort aus dem Kontext heraus erklären kann, außer es gibt keinen verständlichen Kontext, da auch hier zu viele Fremdwörter enthalten sind;
- Begriffe in eine Gesellschaft hineinwachsen; wer sie nicht kennt, wird sie selbst nicht benutzen;
- die meisten Inhalte kontextuell erschließbar sind und die deutsche Sprache den anderen Sprachen des indogermanischen Raumes ähnelt und sogar darauf basiert. Nach Prof. Dr. Jürgen Schiewe[22] besteht die deutsche Sprache aus anderen Sprachen und ist somit nicht durch Fremdeinfluss zerstörbar."

4,4 % der befragten Studenten fiel die Entscheidung für die Antwort JA oder NEIN schwer und sie haben eine Mittelstellung eingenommen. Dies haben sie folgendermaßen argumentiert[23]:

Tabelle 13.3

JA, die Kommunikation wird gestört, wenn man einige Wörter (z. B. in Form einer Hybridbildung) in einer Aussage, in einem Text nicht versteht:	NEIN, die Kommunikation wird nicht gestört, wenn man einige Wörter (z. B. in Form einer Hybridbildung) in einer Aussage, in einem Text nicht versteht:
„bei älteren Menschen;"	„weil man nachschauen kann, was sie bedeuten;"
„wenn es ein zentraler Begriff ist, den man nicht versteht und niemanden fragen kann, bzw. nirgendwo nachschlagen kann;"	„weil man sich Vieles auch aus dem Kontext erschließen kann;"
„weil die Sache, die hinter dem Wort (z. B. Computer) steckt, nicht erfasst werden kann;"	„weil es im Zusammenhang verstanden werden kann;"
„weil gerade einige oder viele ältere Menschen es eventuell nicht verstehen."	„weil man nachfragen oder nachschlagen kann."

Die Begründungen der Lehrer/Betreuer zu der vorletzten Frage des Fragebogens stellen sich wie folgt dar. Die Kommunikation kann gestört werden, wenn man

---

22 Prof. Dr. Jürgen Schiewe – Professor an der Ernst-Moritz-Arndt Universität in Greifswald – Institut für Deutsche Philologie, Lehrstuhl für Germanistische Sprachwissenschaft/ Lehrstuhlinhaber.
23 Die links und rechts in der jeweiligen Zeile der Tabelle zitierten Meinungen gehören zu derselben Person.

einige Wörter (z. B. in Form einer Hybridbildung) in einer Aussage, in einem Text nicht versteht, weil:

- „das komplexe Wortverstehen und somit auch der Inhalt des Satzes verloren geht;
- Inhalte nicht präzise verstanden werden;
- Inhalte vielleicht falsch verstanden werden können;
- es ältere und jüngere Menschen sprachlich voneinander trennt;
- es zu Missverständnissen oder Desinteresse kommen kann, wenn etwas nicht verstanden wird;
- man ja sonst den Sinn der gegebenen Veranstaltung nicht versteht;
- die fremden Teile in der Hybridbildung meistens die Schlüsselwörter sind;
- man den Inhalt der Aussage nicht versteht und folglich nicht adäquat darauf reagieren kann;
- doch gerade ältere Menschen die Bedeutung von Fremdwörtern nicht kennen und gerade wenn man sich mit älteren Menschen unterhält, können diese zu Missverständnissen und Kommunikationsstörungen führen."

Die fremden Bestandteile der Hybridbildungen müssen nicht unbedingt die Aussage unverständlich machen. Solch eine Meinung vertraten 21,4 % der Lehrer/ Betreuer. Die Begründungen dessen sind ebenfalls wohldurchdacht:

- „Häufig erklärt die Aussage des Textes das Wort und man kann somit erschließen, um was es sich handelt. (Allerdings denke ich, dass es auf die Altersgruppe ankommt: ältere Menschen haben solche Wörter weniger in ihrem Sprachgebrauch);
- Der Sinn ergibt sich oft durch die übrigen Worte der Aussage;
- In der Regel bleibt der Sinn einer Aussage trotzdem verständlich."

Eine Person unter den Lehrern/Betreuern (7,1 %) konnte sich für keine endgültige Antwort entscheiden und hat das so verdeutlicht:

„Die Kommunikation kann gestört werden, wenn man einige Wörter (z. B. in Form einer Hybridbildung) in einer Aussage, in einem Text nicht versteht, weil einige Menschen eventuell Schwierigkeiten damit haben könnten. Auf der anderen Seite kommt es zu keiner Störung der Kommunikation, weil Vieles bereits bekannt und geläufig ist."

3.3.14 Analyse der 14. Fragebogenfrage

Die vierzehnte Frage ist eine geschlossene Frage. Hier wurden die Probanden gebeten, sich mit einer oder mehreren der vier zitierten Aussagen über die fremden Wörter und die Hybridbildungen im Deutschen zu identifizieren.

Die vier im Fragebogen zitierten Aussagen wurden von der Autorin der vorliegenden Studie anhand der in der sprachwissenschaftlichen Literatur zum Thema der Fremdwörter und Hybridbildungen herrschenden unterschiedlichen, oft auseinander gehenden Meinungen formuliert. Es sind keine Zitate, sondern Kurzfassungen längerer Ausführungen und Argumentationen. Sie wurden auf solch eine Weise resümiert, dass ihr Sinn einfach zu entschlüsseln ist, wodurch man sich unmissverständlich mit der jeweiligen Meinung entweder identifizieren oder sich von ihr distanzieren kann:

Die vier den Befragten präsentierten Äußerungen sind:

Positive Aussage bezüglich der Fremdwörter im Deutschen:
1. Fremdwörter bereichern die deutsche Sprache, da sie sie differenzieren und spezifizieren. Sie erleichtern internationale Kommunikation. In Fach- und Wissenschaftssprachen eignen sich die Fremdwörter besonders gut zur Begriffsbildung, da sie den Unterschied zwischen Fach- und Gemeinsprache deutlicher machen und es daher zu weniger Missverständnissen kommt.

Negative Aussage bezüglich der Fremdwörter im Deutschen:
2. Fremdwörter sind oft überflüssig, da sie in vielen Fällen leicht durch deutsche Wörter ersetzt werden könnten. Fremdwortgebrauch ist häufig nichts weiter als Angeberei, Imponiergehabe oder Demonstration des eigenen Status. Fremde Wörter führen zum Verfall der deutschen Sprache.

Positive Aussage bezüglich der Hybridbildungen im Deutschen:
3. Die Verbindungen aus fremden und deutschen Elementen (d.h. Hybridbildungen) erweitern die Ausdrucksmöglichkeiten der deutschen Sprache.

Negative Aussage bezüglich der Hybridbildungen im Deutschen:
4. Hybridbildungen sind überflüssig, da das Deutsche schließlich über native Komponenten verfügt, die denselben Sachverhalt wiedergeben können.

In der zu der letzten Fragebogenfrage formulierten Hypothese (Nr. 15) wurde angenommen, dass es in der Rezeption des Hybridbildungsphänomens einen Unterschied zwischen den Germanistikstudenten und den ausgebildeten berufstätigen Lehrern/Betreuern gibt. Wie dieses Ergebnis ausgefallen ist, wird anhand der nachfolgenden Diagramme veranschaulicht:

Germanistikstudenten:

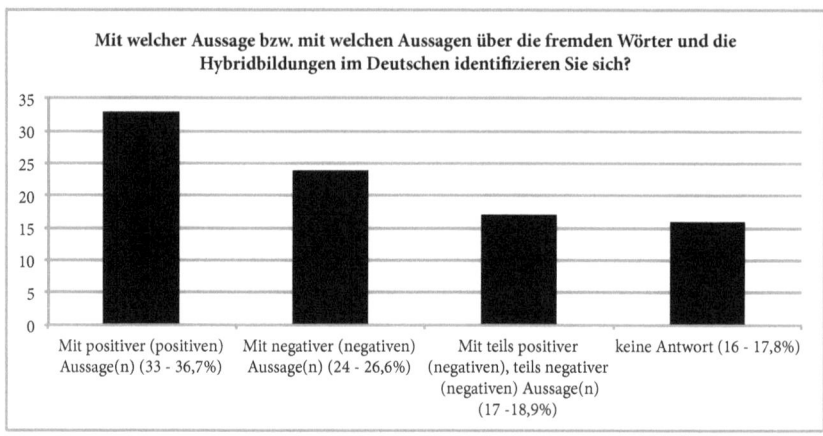

Diagramm Nr. 14.1

Montessori-Lehrer und -Betreuer:

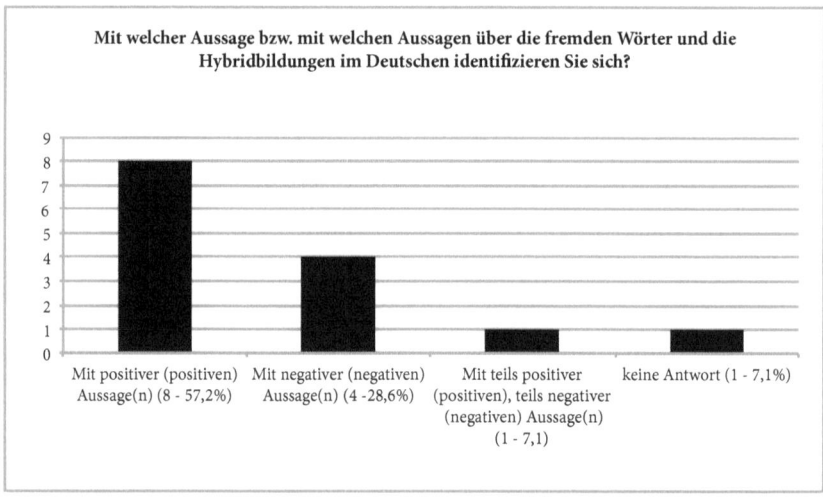

Diagramm Nr. 14.2

Die am Anfang der Untersuchung gestellte Hypothese zur 14. Frage wurde durch die Ergebnisse der Anlayse zum Teil belegt. In der Rezeption des Hybridbildungsphänomens gibt es Unterschiede zwischen den Germanistikstudenten und den ausgebildeten berufstätigen Lehrern/Betreuern, auf die im Folgenden eingegangen wird. Mit der positiven Aussage bzw. den positiven Aussagen über die Fremdwörter und die Verbindungen der nativen mit fremden Elementen in Form von einer Hybridbildung, also mit Aussagen 1 und 3, identifizieren sich 36,7 % der Studenten (33 Personen in der analysierten Gruppe) und 57,2 % der Lehrer/Betreuer (8 Personen in der analysierten Gruppe). Vor der Analyse wurde vermutet, dass eher die Studenten als junge, sich in der Ausbildung befindende Personen solchen Neuerungen in der Sprache gegenüber positiver eingestellt sind. Dies haben die Untersuchungsergebnisse nicht bestätigt. Will man daraus eine Schlussfolgerung ziehen, könnte man folgende Überlegungen anstellen: die Germanistikstudenten sind sich der von ihnen studierten Sprache sehr bewusst, sie lernen während des Studiums die Feinheiten der Sprache kennen und sind sich somit dessen bewusst, welche Ausdrucksmöglichkeiten sie besitzt. Deshalb kommen sie zu dem Schluss, dass auch ohne die Hilfe des neu entlehnten Wortschatzes die Aussagebedürfnisse der Sprecher befriedigt werden können.

Beide befragten Gruppen haben einen vergleichbaren Anteil von Informanten, die sich der kritisierenden Aussage bzw. den kritisierenden Aussagen bezüglich der Fremdwörter und der hybriden Wortbildungen im Deutschen anschließen. Die Meinungen von 24,4 % der Germanistikstudenten und 28,6 % der Lehrer/Betreuer stimmen mit einer bzw. mit beiden negativen Äußerungen (2. und 4. Äußerung) zum Thema fremde Wörter und hybride Bildungen überein. Es ist etwa ein Viertel aller Probanden. Diese Zahl könnte nach Wissen der Autorin auch auf die Ebene aller Deutsch als Muttersprache Sprechenden – also auf die polylektale Ebene – übertragen werden. Somit sind die in der durchgeführten Analyse erzielten Ergebnisse aussagekräftig. Nicht nur private sondern auch offizielle Gespräche sowie Artikel in der Fachliteratur erwecken den Eindruck, dass ca. jeden vierten Deutschsprechenden negative Gefühle begleiten, wenn fremdes Wortgut im Deutschen verwendet wird. Interessant dabei ist, dass die Sprachnutzer häufig keine stichhaltigen Gründe für ihre Behauptungen nennen können, was auch mit ihren Ängsten um die Existenz der deutschen Sprache verbunden ist. Sie basieren meistens auf den Meinungen der Anderen, ohne den Sinn der zur Äußerung der Meinung genutzten Worte tiefgründig zu erwägen oder sogar zu verstehen, wie z. B. des Wortes `Verfall`. Es kann m. E. auf keinen Fall allgemein geschlussfolgert werden, dass Fremdwörter bzw. hybride Wortbildungen zum Verfall der deutschen Sprache führen. Sie stiften zwar ab und zu Verwirrung auf der Kommunikations- bzw. Verstehensebene, aber führen zu keinen ernsten Missverständnissen oder Fehlschlägen der Verständigung. Sie verdrängen auch nicht den deutschen Wortschatz dermaßen, dass es beunruhigend sein sollte. Wörter, die nicht mehr zeitgemäß sind, die mit ihrem Bedeutungsinhalt nicht mehr so gut an die neu erscheinenden Phänomene angepasst werden können, müssen ganz einfach durch neue, präzisere ersetzt werden. Um den neuen Kommunikationsherausforderungen gerecht zu werden, greifen die Sprachnutzer oft nach dem fremden Wortschatz und integrieren ihn in die Wortbildungsprozesse innerhalb der deutschen Sprache, infolgedessen es zur Hybridisierung auf der Wortbildungsebene kommt.

Ein nicht zu unterschätzender Anteil der Befragten konnte weder eine endgültig positive noch eine endgültig negative Stellung zu dem besprochenen Phänomen nehmen. 18,9 % der befragten Studenten und 7,1 % der befragten Lehrer/Betreuer identifizieren sich sowohl mit einer bzw. mit zwei positiven Meinungen und mindestens einer negativen Meinung über das Fremdwort- und Hybridbildungsphänomen in der deutschen Gegenwartssprache. Einerseits sind die sich in dieser Gruppe befindenden Befragten der Annahme, dass Fremdwörter die deutsche Sprache bereichern, differenzieren und spezifizieren und dadurch die internationale Kommunikation erleichtern. Da sie sich besonders gut zur Begriffsbildung eignen, machen sie den Unterschied zwischen Fach- und Gemeinsprache deutlicher, wodurch es zu weniger Missverständnissen kommt. Hybridbildungen dienen laut der Meinung der sich in dieser Gruppe befindenden Befragten ebenfalls der Erweiterung der Ausdrucksmöglichkeiten der deutschen Sprache. Andererseits identifizieren sich die Probanden in dieser Gruppe mit den Äußerungen, die Kritik an Fremdwörtern üben und somit die Hybridbildungen als unnötige Bildungen klassifizieren, deren Bedeutung ebenso gut durch native Komponenten wiedergegeben werden kann. Solch ein Standpunkt ist meines Erachtens Folge der Stimmung, die um die besprochenen Phänomene herum herrscht. Auf der einen Seite wird den deutschen Muttersprachlern Angst um ihre Sprache eingejagt mit solchen Sprüchen wie *„Sprache in Not? (…)"* (Meier 1999), *„English rules the world: Was wird aus Deutsch?"* (Hoberg 2002b), *„Was wird aus Deutsch angesichts der Dominanz des Englischen?"* (Hoberg 2012) oder *„Deutsch for sale"* (Schreiber 2006), auf der anderen Seite werden die Ausdrucksmöglichkeiten der entlehnten Einheiten und im weiteren Stadium der hybriden Wortbildungen erkannt, entfaltet und immer häufiger durch ihre Verwendungsfrequenz betont.

17,8 % der Germanistikstudenten und 7,1 % der Lehrer nehmen keine Stellung zu den vier Aussagen bezüglich der besprochenen Phänomene des Deutschen ein.

Sie haben somit die Chance, sich zum Problem zu äußern, nicht genutzt. Mit einer bestimmten Quote der sich auf solch eine Art und Weise verhaltenden Probanden muss jedoch in jeder Befragung gerechnet werden.

4 Zusammenfassung der Untersuchungsergebnisse

Die vorliegende Studie ist eine Ergänzungsstudie zu meiner Monographie über das Phänomen der Hybridbildungen im Gegenwartsdeutschen, in der der systematisch-linguistische Aspekt dieses Phänomens berücksichtigt wurde. Wenn aber linguistische Untersuchungen zu sprachlichen Phänomenen durchgeführt werden, ist es von großer Relevanz diese auch aus sozialer Perspektive zu betrachten, denn Sprache funktioniert nicht von den Menschen isoliert, sondern ist eine konkrete Eigenschaft konkreter Menschen. Sie wird von ihnen entwickelt und an die bestehenden Verhältnisse angepasst.

In den Mittelpunkt dieser Abhandlung wurde somit die Beschreibung der Analyse der mithilfe des Fragebogens durchgeführten Befragung gerückt, die dazu dienen sollte, die Meinung einer ausgewählten Gruppe von Sprachnutzern bezüglich des Phänomens der Hybridbildungen in der deutschen Gegenwartssprache zu gewinnen. Nach der ausführlichen Analyse der Befragungsergebnisse, die im Kapitel 3 erfolgte, werden hier alle Ergebnisse in einer fokussierten Zusammenschau dargestellt, verglichen und entlang der aufgestellten Hypothesen sowie unter Berücksichtigung der übergeordneten Fragestellung, welchen Einfluss das Englische auf das Deutsche hat, diskutiert und zusammengefasst.

Die deutsche Sprache ist aus vielen Dialekten hervorgegangen. Jede Epoche ihrer Entwicklung hat das Ihre dazu beigetragen, so dass sich die Sprache weiterentwickeln konnte. In der Epoche des Sturm und Drangs wurde die deutsche Sprache z. B. um viele Empfindungswörter bereichert. Heutzutage verlangt der sich rasch entwickelnde Bereich der Technik neue Wortschöpfungen, die entweder aus den bereits im Deutschen bestehenden oder aus den meist aus dem Englischen entlehnten Morphemen hergeleitet werden. In den Fachsprachen gibt es viele Begriffe, die als Internationalismen aus internationalen Verkehrssprachen abgeleitet sind. Das ist ein Gewinn für die globale Verständigung. Die Sprache wird dem Wandel angepasst und ständig verändert, und Fachtermini gehen oft in den Alltagsgebrauch über und bereichern dadurch auch den alltäglichen Wortschatz. Diejenigen, die als Sprachpuristen keine Fremdwörter verwenden wollen, tun sich in der heutigen Welt sehr schwer. Die Isländer sind beispielsweise leidenschaftliche Sprachpuristen. Es wird in diesem Land konsequent darauf geachtet, dass neue Begriffe aus dem vorhandenen Wortschatz erschafft werden, und die Übernahme von Fremdwörtern bemüht man sich auf einem möglichst geringen Niveau zu halten.

Die zu Zwecken dieser Studie durchgeführte Untersuchung veranschaulicht, dass die meisten zur Untersuchung ausgewählten deutschen Muttersprachler nicht zu der Gruppe der leidenschaftlichen Sprachpuristen gehören und die Entwicklung der Sprache, die wesentlich von dem fremdsprachigen Einfluss angetrieben wird, als unaufhaltsamen und kommunikationsfördernden Prozess verstehen. Die meisten mit Hilfe des anonymen Fragebogens befragten Personen stehen den fremden Einflüssen auf die deutsche Sprache offen gegenüber, sofern diese das Verständnis der Äußerung nicht beeinträchtigen.

Die am Anfang der Untersuchung aufgestellten Hypothesen konnten anhand der empirisch gewonnenen Ergebnisse verifiziert oder falsifiziert werden. Den befragten Deutschen fallen die in ihrer Muttersprache erscheinenden fremdsprachigen Wörter – meistens Anglizismen – auf, obwohl ein nicht geringer Prozentsatz der Informanten erklärt hat, dass ihnen keine Wörter im Deutschen fremd erscheinen, was darauf hinzuweisen vermag, dass entweder die guten Englischkenntnisse der deutschen Muttersprachler oder die Häufigkeit des Auftretens englischer Ausdrücke im Deutschen ihr Gespür für Fremdwörter – egal ob sie separat vorkommen oder Teile der innerhalb des Deutschen entstehenden hybriden Wortbildungen sind – schwächen. Somit konnte die erste Untersuchungshypothese in Bezug auf beide befragten Gruppen bestätigt werden.

Die zweite Hypothese sagte vorher, dass die deutschen Muttersprachler von dem Gebrauch fremder Wörter irritiert sind. Nach der Analyse der Fragebogenergebnisse konnte sie nicht bestätigt werden. Die meisten Befragten sind nicht empört darüber, dass in der deutschen Gegenwartssprache Sachverhalte mit fremdsprachigem Wortschatz ausgedrückt werden. Es hat sich erwiesen, dass sie sich dieser sprachlichen Entwicklungsrichtung bewusst sind. Weiterhin wurde vor der Untersuchung angenommen, dass die Deutschen die Bedeutung der unbekannten fremden Wörter nachschlagen bzw. ihre Bedeutung bei jemandem erfragen. Diese Hypothese hat sich zum Teil bestätigt, denn insgesamt können die Erkenntnisse hierzu so zusammengefasst werden, dass die Hälfte der Probanden die unbekannten Ausdrücke im Wörterbuch oder in anderen zugänglichen Quellen nachschlägt bzw. von jemandem erfragt und die andere Hälfte das nicht tut. Die Gründe dafür konnten im Kapitel 3.3.3 nur vermutet werden, sie scheinen aber im Hinblick auf alle Untersuchungsergebnisse sowie Kommentare der Informanten zu den ausgewählten Aspekten triftig zu sein. Als Weiteres wurde von der Befragerin angenommen, dass die Informanten die bestimmten nativen und exogenen Bestandteile der Hybridbildungen erkennen können. Diese Hypothese hat sich weitestgehend bewahrheitet. In keinem Fall (in beiden befragten Gruppen) wurde das indigene Element als fremd eingestuft und unterstrichen. Jedoch nicht alle Informanten haben alle in den Beispielen auffindbaren fremden Lexeme nicht deutscher Herkunft identifiziert. Einige im Deutschen fest etablierten Hybridbildungen, wie z. B. *Partnerschaft, Bio-Vollverpflegung*, die mit Vorbedacht in die Liste der Fragebogen-Hybridbildungen aufgenommen wurden, wurden von den meisten Befragten nicht als fremd-indigene Konstruktionen interpretiert. Es kann somit geschlussfolgert werden, dass die befragten Deutschen bestimmte native und exogene Bestandteile der Hybridbildungen feststellen können, sofern einzelne fremde Teile dieser – entweder als Teile der gebundenen Konstruktionen oder als einzelne Lexeme – nicht dermaßen assimiliert sind, dass sie von den Sprechenden nicht mehr als fremd empfunden werden.

Die nächste Untersuchungsannahme, nämlich dass die Kombinationen aus fremdsprachigen und deutschen Elementen, d. h. Hybridbildungen, die deutschen Muttersprachler stören, konnte anhand der gewonnenen Erkenntnisse nicht bestätigt werden. Nur etwa ein Viertel der Probanden empfindet die hybriden Konstruktionen als unnötige und störende Wortverbindungen, die unter Umständen Menschen ab einer bestimmten Altersgrenze oder bildungsferner Schichten vom Verständnis ausschließen. Ferner vertritt diese Gruppe der Befragten den Standpunkt, dass diese Konstrukte gegenwärtig als selbstverständlich hingenommen werden, wodurch die deutsche Sprache in den Hintergrund rückt, womit sie nicht einverstanden zu sein scheinen. Von der Mehrheit der Befragten werden jedoch die fremd-indigenen `Wortspielereien`, an die sie sich bereits gewöhnt haben, nicht als störend empfunden. Ihrer Meinung nach haben diese Formationen bestimmte Kommunikationsziele zu erfüllen. Die deutsche Sprache befindet sich in einem stetigen Wandel, bei dem Wortneubildungen eine erhebliche Rolle spielen, auch wenn sie teilweise aus entlehnten Elementen bestehen. Gleichwertige deutsche Wörter, die nach Meinung der Sprachpfleger fremde Elemente ersetzen könnten, werden laut der Befragten oftmals als aufgesetzt und unpassend empfunden bzw. klingen nicht so gut.

In der sechsten Hypothese wurde angenommen, dass die Deutschen die Bildungen vom Typ: *Back-Factory, Outdoor-Spielplatz* lieber durch eine deutsche Entsprechung ersetzen würden. Die Meinungen der Informanten waren hier wiederum geteilt. Eine Hälfte hat sich für die Ersetzung der fremd-indigenen Bildungen durch deutsche Entsprechungen ausgesprochen, die andere Hälfte für die Gegenvariante. Resümierend kann vermutet werden, dass solch eine Verteilung der Meinungen darüber Auskunft gibt, dass die befragten deutschen Muttersprachler in einer Art Zwiespalt stehen. Einerseits unterstreichen die befragten Personen, dass die deutsche Sprache vielfältig und reich an Worten ist, die solche Konstruktionen ersetzen können, auf der anderen Seite betonen sie, dass hinter der englischen Bezeichnung oft eine bestimmte Intention steckt, die nur durch den entsprechenden präzisen englischen Ausdruck realisiert werden kann. Die Ergebnisse der durchgeführten Befragung können m. E. auf eine breitere Gruppe von deutschen Muttersprachlern übertragen werden. Ich nehme an, die vorgenommene Stichprobe spiegelt generell die Einstellung der deutschen Muttersprachler den thematischen Hybridbildungen gegenüber wider. Diskussionen, in denen sowohl Argumente für als auch gegen exogen-indigene ʻWortmischlingeʻ angeführt werden, werden von den Sprachnutzern nicht nur auf der linguistisch-wissenschaftlichen sondern auch auf der Alltagsebene geführt.

Mit der nächsten Hypothese sollte bestätigt werden, dass die Befragten es nicht notwendig finden, ins Deutsche so viele Wörter aus dem Englischen zu entlehnen. Die Analyse der Befragungsergebnisse erlaubte die theoretische Vermutung für gültig zu erklären. Die meisten Probanden bestanden darauf, dass die deutsche Sprache über genug indigene Lexeme verfügt, die den gewünschten Inhalt genauso gut oder sogar besser als entlehnte Einheiten wiedergeben. Es sei aber an dieser Stelle unbedingt anzumerken, dass die Befragten in den Begründungen zu ihren Antworten ziemlich liberal erschienen. Obwohl sich viele als Gegner des Übermaßes an Entlehnungen im Deutschen deklariert haben, haben sie in der Argumentation dennoch festgestellt, dass viele Entlehnungen keine störende Erscheinung ist. Als Interviewerin habe ich den Eindruck gewonnen, dass trotz des zur Hälfte negativen Verhältnisses den Entlehnungen und somit den hybriden Bildungen gegenüber, sich die Befragten der Notwendigkeit der in den gegenwärtig herrschenden Umständen stattfindenden Sprachentwicklung sehr bewusst sind.

Die folgende Hypothese griff das Problem auf, dass man als Deutsche/r Englisch kennen muss, um die im Gegenwartsdeutschen formulierten Aussagen zu verstehen. Sie kann anhand der Untersuchungsergebnisse bestätigt werden. Die Mehrheit der Probanden bringt zum Ausdruck, dass Englischkenntnisse für das genaue Verstehen der konnotativen Bedeutung der in den deutschen Ausdrücken vorkommenden englischen Elemente hilfreich sind. Fremdsprachenkenntnisse – gegenwärtig vor allem Kenntnisse der englischen Sprache – gehören zum Rüstzeug des in der globalisierten Welt kommunizierenden Gesellschaftsmitglieds, und die meisten der in dieser Studie Befragten sind sich der Notwendigkeit des Erwerbs der englischen Sprache bewusst, wehren sich nicht dagegen und wollen das auch nicht in der Zukunft tun.

Zu der neunten Fragebogenfrage wurden zwei sich ausschließende Hypothesen formuliert. Auf der einen Seite wurde hier angenommen, dass die Fremdwörter die deutsche Sprache bereichern. Auf der anderen Seite setzte die Untersuchungsannahme voraus, das die Fremdwörter im Deutschen überflüssig sind. Die Meinungen der Befragten diesbezüglich sind geteilt. Aus den Ausführungen der Probanden kristallisiert sich sehr deutlich folgende These heraus: Fremdwörter meiden zu wollen, hieße auf vielfältige sprachliche Möglichkeiten zu verzichten.

Die Gegenthese dazu bildet die trotz der allgemein positiven Einstellung den Fremdwörtern gegenüber die spürbare Überzeugung der Befragten darüber, dass die deutsche Sprache auch gut ohne Fremdwörter auskommen würde, besonders dann, wenn die Verwendung der Fremdwörter sowohl in Form von separaten Lexemen als auch als Teile der Hybridbildungen unüberlegt erfolgt, was zu Kommunikationsstörungen führt. Die Störung der Kommunikation ist das stärkste Argument dafür, exakt zu überlegen, ob das entsprechende exogene Lexem statt des indigenen den gemeinten Sachverhalt wiedergeben soll.

Die Antworten auf die nächste (10.) Fragebogenfrage ließen die Untersuchungshypothese verifizieren. Zwar klingen viele im Deutschen verwendete Hybridbildungen fremd, aber es ist den Antworten der Probanden nach anzunehmen, dass dies von dem konkreten Beispiel abhängig ist, was ein stichhaltiges Argument dafür ist, dass über Fremdwörter und somit über Hybridbildungen nicht pauschal geurteilt werden darf. Zahlreiche Hybridbildungen haben sich schon dermaßen im Deutschen eingebürgert, dass sie keine negativen Assoziationen mehr hervorrufen und nicht einmal den Verdacht erwecken, sie seien entlehnt. Negative Assoziationen implizieren m. E. vor allem solche Verbindungen, bei denen der gemeinte Sachverhalt, der mit dem einheimischen Lexem schon ausführlich genug ausgedrückt wird, mithilfe des fremden Elements der Hybridbildung nur wiederholt wird – z. B. *Service-Dienst, Outdoor-Spielplatz* – oder solche, die durch ihre fremden Bestandteile unverständlich sind, wie zum Beispiel *Lern-Coachies*.

Zu interessanten Erkenntnissen führte die elfte Frage, zu der folgende Hypothese erstellt wurde: Die deutschen Muttersprachler können für jeden im Deutschen verwendeten Anglizismus eine deutsche Entsprechung nennen. Die anhand der Antworten der Probanden erstellte Tabelle präsentiert übersichtlich die von ihnen vorgeschlagenen deutschen Entsprechungen der englischen Ausdrücke. Die Mehrheit der Informanten kann für fast jeden im Fragebogen verwendeten Anglizismus eine oder mehrere deutsche Entsprechungen nennen. In einigen Fällen waren die Probanden jedoch der Meinung, es gebe für das bestimmte englische Wort keine deutsche Variante, oder die deutsche Variante gibt nicht exakt die Bedeutung der entlehnten Einheit wider. Es ist nicht immer möglich die Nuancierung der Bedeutung mit einheimischen Elementen zu erfassen, wodurch wiederum die Notwendigkeit der Verwendung von entlehnten Einheiten zwecks sprachlicher Bewältigung der Erscheinungen der sich ständig veränderten Umwelt des Menschen betont wird.

Der Eindruck, den man bekommen kann, wenn man sich sowohl in Fach- als auch in privaten Kreisen die Meinungen über die Anhäufung von Fremdwörtern und der damit verbundenen Vor- und Nachteile anhört, war Ursache für die Aufstellung der Hypothese zur Frage zwölf, die lautet „Nicht alle Deutschen können alle Aussagen, die im Gegenwartsdeutschen formuliert werden, verstehen".

Die Hypothese hat sich nach der Analyse der Antworten der Probanden bestätigt, da wirklich nicht alle Probanden alle sechs im Fragebogen zitierten Sätze, oder präziser formuliert, nicht alle Ausdrücke in diesen Sätzen, die entweder Fremdwörter oder Hybridbildungen waren, verstanden haben. Dies betrifft jedoch auf keinen Fall die Mehrheit der Befragten. Somit muss konstatiert werden, dass die deutschen Muttersprachler Fremdwörtern und ihren Verbindungen nicht so kritisch gegenüberstehen, wenn der Kontext beim Verstehen der vorgebrachten Äußerung hilft. Es bestätigt sich also wiederum die Tatsache, dass die Deutschsprechenden nur dann allgemeine Urteile über die verunreinigte Sprache abgeben, wenn sie sich auf kein konkretes Beispiel stützen können.

Die vierzehnte Untersuchungshypothese kann anhand der gewonnenen Erkenntnisse nicht bestätigt werden. Der Ansicht der Befragten nach wird die Kommunikation gestört, wenn man einige Wörter (z. B. in Form einer Hybridbildung) in einer Aussage, in einem Text nicht versteht. Dies haben die Probanden ohne konkretes Beispiel festgestellt, was zum wiederholten Male die Vermutung der Autorin bestätigt, dass solch eine Denkweise aus der allgemein vorherrschenden Meinung über Fremdwörter und Hybridbildungen hervorgeht, die de facto nicht aus der tatsächlichen Anschauung über diese Bildungen entsteht, sondern unüberlegt wiederholt wird.

Die Hypothese zur vierzehnten Frage hat sich bewahrheitet. In der Rezeption des Hybridbildungsphänomens gibt es wirklich einen Unterschied zwischen den Germanistikstudenten und den ausgebildeten berufstätigen Lehrern/Erziehern. Vor der Untersuchung wurde jedoch vermutet, dass eher die Studenten als junge und allem Anschein nach tolerantere Gruppe den Fremdwörtern und Hybridbildungen gegenüber positiver eingestellt und somit liberaler im Umgang mit diesen im Prozess der Kommunikation sind. Die Untersuchungsergebnisse belegen jedoch, dass eben die Lehrergruppe eine positivere Haltung gegenüber der uns interessierenden sprachlichen Erscheinung einnimmt. Es kann wohl dadurch erklärt werden, dass die Germanistikstudenten als diejenigen, die die deutsche Sprache tiefgründig erforschen, ihre Ausdrucksmöglichkeiten sehr gut kennen und deswegen stärker als alle anderen Sprachnutzer davon überzeugt sind, dass sie den kommunikativen Bedürfnissen ihrer Sprecher ohne den aus anderen Sprachen entlehnten Wortschatz gerecht wird.

Etwa ein Viertel aller Befragten (sowohl in der Gruppe der Studenten als auch der der Lehrer) identifiziert sich mit einer oder beiden negativen Äußerungen (2. und 4. Äußerung im Fragebogen) zum Thema fremde Wörter und hybride Bildungen. Es wurde auch hier vor der Untersuchung angenommen, dass sich die Meinungen der beiden befragten Gruppen diesbezüglich deutlicher unterscheiden, und zwar dass die Lehrer skeptischer den besprochenen Phänomenen gegenüber sind. In diesem Punkt wirken die Ergebnisse des Fragebogens überraschend. Auf der anderen Seite meine ich, dass dieses Ein-Viertel die repräsentative Gruppe für die allgemeine Untersuchungsschlussfolgerung ist. Folgendes kann somit konkludiert werden. Für ca. 25 % der deutschen Muttersprachler erscheinen die Fremdwörter oft überflüssig, da sie in vielen Fällen – vor allem in der Alltagssprache – leicht durch deutsche Wörter ersetzt werden könnten. Für diese Gruppe der Sprachnutzer bedeutet Fremdwortgebrauch häufig nichts weiter als Angeberei, Imponiergehabe oder Demonstration des eigenen Status. Fremde Wörter führen ihrer Meinung nach zum Verfall der deutschen Sprache. Hybridbildungen als Produkte der Wortbildungsprozesse innerhalb des Deutschen, deren Bestandteile u. a. Fremdwörter sind, sind ebenfalls überflüssig, da das Deutsche doch über native Komponenten verfügt, die denselben Sachverhalt wiedergeben können. Als Resümee dieser kritischen Konklusion gilt: sowohl Fremdwörter als auch Hybridbildungen sind Ursachen von Kommunikationsfehlschlägen, von denen vor allem ältere Gesellschaftsmitglieder betroffen sind.

Eine wesentlich größere Gruppe der deutschen Muttersprachler – zu der nicht diejenigen gehören, die unentschlossen sind, keine eigene Meinung haben oder es vermeiden ihre Meinung zu äußern – ist davon überzeugt (ca. 70 %), dass der Einfluss der fremden Sprachen auf das Deutsche normale Folge der Gesellschafts- und Sprachentwicklung ist. Diese Gruppe der Sprachnutzer vertritt den Standpunkt, dass sowohl die fremden Wörter als auch die Mischbildungen (Hybridbildungen) es erlauben, die Gedanken kürzer und präziser zu äußern. In ihren Erläuterungen zu den erteilten Antworten weisen die Befragten darüber hinaus auf eine wichtige Tatsache hin: Fremdwörter sind nicht an sich selbst bedrohlich – wenn man schon von der Gefahr für die deutsche Sprache spricht – sie werden manchmal nur unnötigerweise oder falsch benutzt.

5 Resümee

In diesem Teil der Studie sollen Relevanz und Anwendbarkeit der gewonnenen Erkenntnisse sowie Möglichkeiten der weiterführenden Erforschung des Untersuchungsphänomens hervorgehoben werden.

Das Problem der Fremdwörter und der Folgen ihrer Anwesenheit in der deutschen Sprache – zu denen unter anderen Hybridbildungen als Produkt der innerhalb des Deutschen stattfindenden Wortbildungsprozesse gehören – ist keineswegs leicht zu beschreiben. Es ruft viele Diskussionen und sowohl positive als auch negative Emotionen hervor, was die zu Zwecken dieser Studie durchgeführte Untersuchung vorbehaltslos bestätigt hat. Wie es aber Munske treffend mit einem Bild umbeschreibt, kann sowohl den Fremdwörtern als auch den hybriden Formen das Recht nicht abgesprochen werden, sich zur deutschen Sprache gehörend zu fühlen:

> „Sind Fremdwörter die Gastarbeiter der deutschen Sprache? Angeworben in den Nachbarsprachen, weil der einheimische lexikalische Arbeitsmarkt neuen Benennungsaufgaben nicht mehr gewachsen war. Ihr fremdes Aussehen störte zunächst kaum, wurden sie doch nur für bestimmte Arbeiten (also fachsprachlich) eingesetzt, sollten ja auch bald wieder gehen, wie es Gästen ansteht. Wanderarbeiter der Sprache sollten sie sein, die keinerlei Bürgerrechte beanspruchen. Das hat sich als Irrtum erwiesen. Die Gastarbeiter blieben und die Fremdwörter auch. Die Menschen haben geheiratet oder Familienmitglieder nachgezogen, Kinder bekommen und Enkelkinder. Dies ist es vor allem, weshalb ihnen die Bürgerrechte nicht länger vorenthalten werden können. Ähnlich die Fremdwörter: Auch sie blieben nicht isoliert, sondern wurden durch Komposition oder Ableitung mit dem System des Gesamtwortschatzes verknüpft oder erhielten – eine frappierende Parallele – durch Begründung der Lehnwortbildung eine spezifische, eigene Nachkommenschaft: fremd im Aussehen, d.h. Fremdwörter nach dem ius sanguinis, aber hier geboren, d.h. Einheimische nach dem ius loci." (Munske 2001: 7)

Die aus der Untersuchung gewonnenen Erkenntnisse bescheinigen, dass die Hybridbildungen – obwohl sie fremd im Aussehen sind – innerhalb des Deutschen geboren und somit mit dem System des Gesamtwortschatzes des Deutschen verknüpft sind. Die Sprachnutzer erkennen meistens ihre Andersartigkeit unter den anderen deutschen Lexemen. Einige von ihnen wollen sie sofort durch einheimische Einheiten ersetzen, die anderen aber wissen ihre Ausdrucksvorteile zu schätzen. Darüber hinaus gelangt man die Antworten der Befragten analysierend zu der Schlussfolgerung, dass vielleicht nicht die Frage gestellt werden sollte, ob Fremdwörter bzw. Hybridbildungen gebraucht werden sollten, sondern wie oft, in welchen Situationen und wozu. Und darüber entscheiden die Sprachnutzer, die für die Entwicklung jeder Muttersprache verantwortlich sind. Die aus fremden und nativen Elementen gemischten

Wortbildungen im Deutschen zu produzieren und dann zu verwenden ist kein Muss. Auch die Untersuchungsprobanden haben erkannt, dass das Deutsche über native Komponenten verfügt, die denselben Sachverhalt wiedergeben können. Es besteht nicht die absolute Notwendigkeit Inhalte mit Hybridbildungen auszudrücken, „aber wenn solche Bildungen im Deutschen erscheinen, heißt es, dass man entsprechende Inhalte auf eben solch eine Art und Weise benennen oder wiedergeben möchte. Hybridbildungen kann man folglich je nach eigenem Bedarf aktiv benutzen oder nur in passiven Sphären des Sprachgebrauchs existieren lassen" (Dargiewicz 2013: 279). Mit der dieser Studie zugrunde liegenden sozialen Untersuchung ist es gelungen zu belegen, dass sich diese schon in der Monographie u.d.T. „Fremde Elemente in den Wortbildungen des Deutschen" (Dargiewicz 2013) getroffene Feststellung bewahrheitet.

Es ist von großer Relevanz derartige Untersuchungen bezüglich der neu in der Sprache erscheinenden, viele Kontroversen erregenden Phänomene durchzuführen. Die dadurch gewonnenen Erkenntnisse können in die weitere Erforschung sowohl der Fremdwort- als auch der Anglizismen- und Hybridbildungsfrage einbezogen werden. Sie helfen die in der Gesellschaft diesbezüglich bestehenden unbegründeten stereotypen Denkweisen und Urteile abzulegen. Der häufig von den Befragten in den Antworten repräsentierte Meinungszwiespalt ist ein Beweis dafür, dass eine weiterführende Erforschung des Untersuchungsphänomens durchaus erforderlich und relevant ist, und dies nicht nur auf der in meiner ersten Monographie berücksichtigten systematisch-linguistischen, sondern auch auf der sozialen Ebene, was in der vorliegenden Monographie der Fall ist. Durch empirische Untersuchungen auf mehreren Ebenen bekommt man einen Einblick in das erstaunliche Phänomen der Sprache, die so als Eigenschaft konkreter Menschen Schritt für Schritt ergründet werden kann, was zu einer immer besseren zwischenmenschlichen Kommunikation führt.

Die Ergebnisse der vorliegenden Arbeit sind eine Übersicht über den aktuellen Meinungsstand der ausgewählten Gruppen von Deutschen zur Frage der Fremdwörter und Hybridbildungen in der deutschen Gegenwartssprache. Der aus den Antworten der Befragten ersichtliche aktuelle Stand der Dinge wurde kommentiert und mit Kommentaren versehen.

Die vorliegende Studie will somit als ein weiterer Beitrag zur Erforschung der innerhalb der deutschen Wortbildung sehr deutlich wahrnehmbaren Tendenz zur Verbindung von indigenen mit exogenen Elementen verstanden werden, ohne die viele Inhalte nicht versprachlicht werden könnten. Folglich muss das schon in der oben genannten Monographie aus dem Jahre 2013 aufgegriffene Zitat von Johann Wolfgang von Goethe wiederholt werden: „Die Gewalt einer Sprache ist nicht, dass sie das Fremde abweist, sondern dass sie es verschlingt". Die Sprache muss das Fremde zu ihren Gunsten verarbeiten um es zwecks Erreichung der festgelegten Kommunikationsziele einsetzen zu können.

Literaturverzeichnis

BACKHAUS, PETER (2007): Linguistic Landscapes. A Comparative Study of Urban Multiligualism in Tokyo. Multilingual Matters 136 LTD: Clevedon/Buffalo/Toronto.

BÄR, JOCHEN A. (1999): Sprachreflexion der deutschen Frühromantik. Konzepte zwischen Universalpoesie und Grammatischem Kosmopolitismus. Mit lexikographischem Anhang. Berlin/New York (Studia Linguistica Germanica 50).

BÄR, JOCHEN A. (2001): Fremdwortprobleme. Sprachsystematische und historische Aspekte. In: Der Sprachdienst 4/2001, 45. Jahrgang. Gesellschaft für deutsche Sprache: Wiesbaden, S. 121–133.

BÄR, JOCHEN A. (2001): Fremdwortprobleme. Sprachsystematische und historische Aspekte. In: Der Sprachdienst 5/2001, 45. Jahrgang. Gesellschaft für deutsche Sprache: Wiesbaden.

BEN-RAFAEL, ELIEZER/ SHOHAMY, ELANA/ AMARA, MUHAMMAD HASAN & TRUMPER-HECHT, NIRA (2006): Linguistic Landscape as symbolic construction of the public space: The case of Israel. In: International Journal of Multilingualism 3 (1), S. 7–30.

BRAUN, PETER (Hrsg.) (1979a): Fremdwort-Diskussion. Fink: München.

BUSSE, ULRICH (1999): Keine Bedrohung durch Anglizismen. In: Der Sprachdienst 1/1999, 43. Jahrgang. Gesellschaft für deutsche Sprache: Wiesbaden, S. 18–20.

BUSSE, ULRICH (2011): Anglizismen – Versuch einer Bestandsaufnahme. In: Aptum. Zeitschrift für Sprachkritik und Sprachkultur. 7. Jahrgang, 2011, Heft 02. Hempen Verlag: Bremen, S. 98-120.

BUSSMANN, HADUMOD (2008): Lexikon der Sprachwissenschaft. 4., durchgesehene und bibliographisch ergänzte Auflage, Kröner: Stuttgart.

CARSTENSEN, BRODER (1974): Englisches im Deutschen: Zum Einfluss der englischen Sprache auf das heutige Deutsch. In: Paderborner Studien (3), S. 5–15.

CARSTENSEN, BRODER (1979): Morphologische Eigenwege des deutschen bei der Übernahme englischen Wortmaterials. In: Arbeiten aus Anglistik und Amerikanistik, Heft 2, Bd. 4, S. 155–170.

DAILEY, RENÈ M./ GILES, HOWARD/ JANSMA, LAURA L. (2005): Language attitudes in an Anglo-Hispanic context: The role of the linguistic landscape. In: Language & Communication 25 (1), S. 27–38.

DARGIEWICZ, ANNA (2012a): Wie die Deutschen wortbilden. Zur Bindestrichzusammensetzung als populärem Wortbildungsverfahren der modernen deutschen Sprache. In: Studia Niemcoznawcze (Studien zur Deutschkunde), (Hrsg.) Kolago, Lech, Bd. L. Warszawa, S. 643–653.

DARGIEWICZ, ANNA (2012b): *Set* als Bestandteil der hybriden Komposita im Deutschen. Einige Anmerkungen zum Phänomen einer gegenwärtig äußerst produktiven fremden Wortbildungseinheit; in: Studia Germanica Gedanensia Nr. 27: Pragmatische Aspekte der polylektalen Kommunikation, (Hrsg.) Kątny, Andrzej/Lukas, Katarzyna/Sikora, Jan, Wydawnictwo Uniwersytetu Gdańskiego, Gdańsk, S. 238–244.

DARGIEWICZ, ANNA (2013): Fremde Elemente in Wortbildungen des Deutschen: Zu Hybridbildungen in der deutschen Gegenwartssprache am Beispiel einer raumgebundenen Untersuchung in der Universitäts- und Hansestadt Greifswald. In: Grabarek, Józef (Hrsg.): Schriften zur diachronen und synchronen Linguistik, Bd. 10, Peter Lang Verlag: Frankfurt am Main/Berlin/Bern/Bruxelles/New York/Oxford/ Wien/Warszawa.

DARGIEWICZ, ANNA (2014): Spezifik, Bestandteile, Wortart, Aufbau, Erscheinungsformen der Neologismen im Deutschen. Einige Bemerkungen dazu anhand des `Wortwarte`-Korpus. In: Germanistische Werkstatt 6, Wydawnictwo Uniwersytetu Opolskiego, Opole, S. 11–23.

DONALIES, ELKE (2005): Die Wortbildung des Deutschen. Ein Überblick, 2., überarbeitete Auflage. Günter Narr Verlag: Tübingen.

DONALIES, ELKE (2007): Basiswissen. Deutsche Wortbildung. A. Francke Verlag: Tübingen/Basel.

DUDEN (2002): Vom deutschen Wort zum Fremdwort. Wörterbuch zum richtigen Fremdwortgebrauch. Dudenverlag: Mannheim, S. 9–15.

DURRELL, MARTIN (2011): Deutsch und Englisch in Europa: Die Probleme der „alten" Nationalsprache und der „neuen" Globalsprache. In: Aptum. Zeitschrift für Sprachkritik und Sprachkultur. 7. Jahrgang, 2011, Heft 02. Hempen Verlag: Bremen, S. 177–192.

EICHINGER, LUDWIG M./ MELISS, MEIKE/ VÁZQUEZ, MARIÀ, JOSÈ, DOMÌNGUEZ (Hrsg.) (2008): Wortbildung heute. Tendenzen und Kontraste in der deutschen Gegenwartssprache. In: Studien zur Deutschen Sprache. Forschungen des Instituts für Deutsche Sprache, hrsg. von Deppermann, Arnulf/Waßner, Ulrich Hermann/Engelberg Stefan, Band 44. Gunter Narr Verlag: Tübingen.

EISENBERG, PETER (2001): Die grammatische Integration von Fremdwörtern: Was fängt das Deutsche mit seinen Latinismen und Anglizismen an? In: Stickel,

Gerhard (Hrsg.) (2001): Neues und Fremdes im deutschen Wortschatz. Aktueller lexikalischer Wandel. Verlag de Gruyter: Berlin/New York, S. 183–209.

EISENBERG, PETER (2011a): Das Fremdwort im Deutschen. Walter de Gruyter: Berlin/New York.

EISENBERG, PETER (2011b): Anglizismen und andere Fremdwörter. In: Aptum. Zeitschrift für Sprachkritik und Sprachkultur. 7. Jahrgang, 2011, Heft 02. Hempen Verlag: Bremen, S. 121–141.

ELSEN, HILKE (2009): Komplexe Komposita und Verwandtes. In: Germanistische Mitteilungen. Zeitschrift für Deutsche Sprache, Literatur und Kultur 69/2009. Brüssel, S. 57–71.

FLEISCHER, WOLFGANG (1977): Entlehnung und Wortbildung in der deutschen Sprache der Gegenwart. In: Müller, Peter O. (Hrsg.) (2005): Fremdwortbildung: Theorie und Praxis in Geschichte und Gegenwart. Peter Lang Verlag: Frankfurt am Main, S. 63–76.

FLEISCHER, WOLFGANG/ BARZ, IRMHILD (2012): Wortbildung der deutschen Gegenwartssprache, 4. völlig neu bearbeitete Auflage. De Gruyter Studium: Berlin/Boston.

GADAMER, HANS-GEORG (1995): An der Sklavenkette. Hans-Georg Gadamer, Nestor der deutschen Philosophie, über die Gefahren der Fernsehgesellschaft. In: „Die Woche" vom 10.2.1995, S. 33.

GLÜCK, HELMUT (Hrsg.) (2005): Metzler Lexikon Sprache. Dritte neu bearbeitete Auflage. Verlag J. B. Metzler: Stuttgart/Weimar.

GORTER, DURK (2006): Introduction: The study of the linguistic landscape as a new approach to multilingualism. In: International Journal of Multilingualism 3 (1), S. 1–6.

GÓRAL, BOGUMIŁA (2011): Czym jest pejzaż językowy (linguistic landscape)? What is the linguistic landscape. In: Język w poznaniu. (Hrsg.) Juszczyk, Konrad/Mikołajczyk, Beata/Taborek, Janusz/Zabrocki, Władysław. Wydawnictwo Rys: Poznań.

GRUCZA, FRANCISZEK (1983): Zagadnienia metalingwistyki. Lingwistyka – jej przedmiot, lingwistyka stosowana. PWN: Warszawa.

GRUCZA, FRANCISZEK (1993): Zagadnienia ontologii lingwistycznej: O językach ludzkich i ich (rzeczywistym) istnieniu. In: Opuscula Logopaedica. In honorem Leonis Kaczmarek. Uniwersytet Marii Curie-Skłodowskiej: Lublin, S. 25–47.

GRUCZA, FRANCISZEK (2010): Zum ontologischen Status menschlicher Sprachen, zu ihren Funktionen, den Aufgaben der Sprachwissenschaft und des Sprachunterrichts. In: Kwartalnik Neofilologiczny 3/2010, S. 257–274.

GRUCZA, SAMBOR (2004): Od lingwistyki tekstu do lingwistyki tekstu specjalistycznego. Katedra Języków Specjalistycznych UW: Warszawa.

GRUCZA, SAMBOR (2010): Specyfika uczenia języków specjalistycznych w świetle antropocentrycznej teorii języka. In: Lingwistyka stosowana nr 3 – języki specjalistyczne – dyskurs zawodowy. Publikacja jubileuszowa z okazji 10-lecia Katedry Języków Specjalistycznych Uniwersytetu Warszawskiego. Warszawa, S. 107–130.

GRUCZA, SAMBOR (2011a): Wer führt denn eigentlich (Inter)Aktionen aus: Sprachen, Texte oder Menschen? In: Die Deutsche Sprache, Literatur und Kultur in polnisch-deutscher Interaktion. Beiträge der internationalen wissenschaftlichen Konferenz des Verbandes Polnischer Germanisten, Zielona Góra. Euro-Edukacja: Warszawa, S. 21–32.

GRUCZA, SAMBOR (2011b): Lingwistyka antropocentryczna a badania okulograficzne. In: Lingwistyka Stosowana/ Applied Linguistics/ Angewandte Linguistik 4, S. 149–162.

GRUCZA, SAMBOR/ SZERSZEŃ, PAWEŁ/ RÖSENER, CHRISTOPH (2011c): Linguistisch Intelligente Softwaresysteme für die Sprach- und Translationsdidaktik (LISST). In: Grucza, Franciszek/ Zimniak, Paweł/ Pawłowski, Grzegorz (Hrsg.) (2011): Die deutsche Sprache, Kultur und Literatur in polnisch-deutscher Interaktion. Beiträge der internationalen wissenschaftlichen Konferenz des Verbandes Polnischer Germanisten, 17.-19. Juni 2011. Euro-Edukacja: Zielona Góra/ Warszawa, S. 215–226.

HARRAS, GISELA (1997): Fremdes in der deutschen Wortbildung. In: Wimmer, Rainer/Berens, Franz-Josef (Hrsg.): Wortbildung und Phraseologie. Gunter Narr Verlag: Tübingen, S. 115–130 und in: Müller, Peter O. (Hrsg.) (2005): Fremdwortbildung: Theorie und Praxis in Geschichte und Gegenwart. Peter Lang Verlag: Frankfurt am Main, S. 135–151.

HELLER, KLAUS (1966): Das Fremdwort in der deutschen Sprache der Gegenwart. VEB Bibliographisches Institut: Leipzig.

HOBERG, RUDOLF (1996): Fremdwörter. Wie soll sich die Gesellschaft für deutsche Sprache dazu verhalten? In: Der Sprachdienst 5/1996, 40. Jahrgang. Gesellschaft für deutsche Sprache: Wiesbaden, S. 137–142.

HOBERG, RUDOLF (Hrsg.) (2002a): Deutsch – Englisch – Europäisch: Impulse für eine neue Sprachpolitik. Mannheim.

HOBERG, RUDOLF (2002b): English rules the world: Was wird aus Deutsch? In: Hoberg, Rudolf (Hrsg.) (2002): Deutsch – Englisch – Europäisch: Impulse für eine neue Sprachpolitik. Mannheim, S. 171–183.

HOBERG, RUDOLF (2012): Was wird aus Deutsch angesichts der Dominanz des Englischen? In: Der Sprachdienst 1/12, Jahrgang 56, Januar-Februar. Gesellschaft für deutsche Sprache: Wiesbaden, S. 19–25.

HOHENHAUS, PETER (1996): Ad-hoc-Wortbildung: Terminologie, Typologie und Theorie kreativer Wortbildung im Englischen. Peter Lang Verlag: Frankfurt am Main/Berlin.

ITAGI, N. H./SINGH, SHAILENDRA KUMAR(2002): Linguistic landscaping in India with Particular Reference to the New States: Proceedings of a Seminar. Central Institute of Indian Languages and Mahatma Gandhi International Hindi University: Mysore.

KEMPF, LUISE (2010): Warum die Unterscheidung fremd – nativ in der deutschen Wortbildung nicht obsolet ist. In: Scherer, Carmen/Holler, Anke (Hrsg.): Strategien der Integration und Isolation nicht-nativer Einheiten und Strukturen. Walter de Gruyter: Berlin/New York, S. 123–142.

KIRKNESS, ALAN/ MÜLLER, WOLFGANG (1975): Fremdwortbegriff und Fremdwörterbuch. In: Deutsche Sprache 3/1975. Erich Schmidt Verlag: Berlin, S. 299–313.

KNOBLOCH, JOHANN (1978): Bandwurmkomposita im heutigen Deutsch. In: Moderne Sprachen 72, S. 147–149.

KORTAS, JAN (2003): Hybrydy leksykalne we współczesnej polszczyźnie: próba kategoryzacji. In: Prace Językoznawcze, Heft V/2003, Wydawnictwo Uniwersytetu Warmińsko-Mazurskiego w Olsztynie: Olsztyn, S. 99–115.

KRÄMER, WALTER (2000): Modern Talking auf Deutsch. Ein populäres Lexikon. 3. Auflage. Piper Verlag: München/Zürich.

KUPPER, SABINE (2007): Anglizismen in deutschen Werbeanzeigen. Eine empirische Studie zur stilistischen und ökonomischen Motivation von Anglizismen. Peter Lang Verlag: Frankfurt am Main et al.

LANDRY, RODRIGUE/ BOURHIS, RICHARD Y. (1997): Linguistic landscape and ethnolinguistic vitality: an empirical study. In: Journal of Language and Social Psychology 16 (1), S. 23–49.

LANGNER, HEIDEMARIE, C. (1986): Zum Einfluß des Angloamerikanischen auf die deutsche Sprache in der DDR. In: Zeitschrift für Germanistik, S. 402–419.

LANGNER, HEIDEMARIE, C. (1995): Die Schreibung englischer Entlehnungen im Deutschen. Eine Untersuchung zur Orthographie von Anglizismen in den letzten hundert Jahren, dargestellt an Hand des Dudens. Peter Lang Verlag: Frankfurt am Main et al.

LAWRENZ, BIRGIT (1995): Das Graue-Maus-Dasein und das Brave-Mädchen-Image. Zur Bildungsweise von A-N-N-Komposita im Deutschen. In: Deutsch als Fremdsprache Heft 1, S. 39–42.

LAWRENZ, BIRGIT (2006): Moderne deutsche Wortbildung. Phrasale Wortbildung im Deutschen: Linguistische Untersuchung und sprachliche Behandlung. Verlag Dr. Kovac: Hamburg.

LINK, ELISABETH (1983): Fremdwörter – der Deutschen liebste schwere Wörter? In: Deutsche Sprache 11, S. 47–77.

LIPCZUK, RYSZARD (2007): Motive der Fremdwortbekämpfung. In: Studia Niemcoznawcze (Studien zur Deutschkunde), Bd. XXXVI/2007. Uniwersytet Warszawski, Instytut Germanistyki: Warszawa, S. 521–531.

MEIER, CHRISTIAN (Hrsg.) (1999): Sprache in Not? Zur Lage des heutigen Deutsch. Wallstein-Verlag: Göttingen.

MELZER, JAN/ SIEG, SÖREN (2011): Come in and burn out. Denglisch. Der Surival-Guide. Deutscher Taschenbuch Verlag: München.

MEYER, HANS-GÜNTER (1974): Untersuchungen zum Einfluss des Englischen auf die deutsche Pressesprache, dargestellt an zwei deutschen Tageszeitungen. In: Muttersprache 84, S. 97–133.

MORALDO, SANDRO M. (Hrsg.) (2008): Sprachkontakt und Mehrsprachigkeit zur Anglizismendiskussion in Deutschland, Österreich, der Schweiz und Italien. Universitätsverlag Winter: Heidelberg.

MUHR, ROLF/ KETTEMANN, BERNHARD (Hrsg.) (2004): Eurospeak. Der Einfluss des Englischen auf europäische Sprachen zur Jahrtausendwende. 2. korrigierte Auflage. Peter Lang Europäischer Verlag der Wissenschaften: Frankfurt am Main et al.

MUHR, ROLF (2008): Pseudoanglizismen und Lehnfremdbildungen im Österreichischen Deutsch. In: Moraldo, Sandro M. (Hrsg.) (2008): Sprachkontakt und Mehrsprachigkeit zur Anglizismendiskussion in Deutschland, Österreich, der Schweiz und Italien. Universitätsverlag Winter: Heidelberg, S. 135–150.

MUNSKE, HORST HAIDER (1988): Ist das Deutsche eine Mischsprache? Zur Stellung der Fremdwörter im Deutschen Sprachsystem. In: Munske, Horst Haider et al. (Hgg.) (1988): Deutscher Wortschatz. Lexikologische Studien. Ludwig Erich Schmitt zum 80. Geburtstag von seinen Marburger Schülern. Berlin/ New York, S. 46–74.

MUNSKE, HORST HAIDER (2001): Fremdwörter in deutscher Sprachgeschichte: Integration oder Stigmatisierung? In: Stickel, Gerhard (Hrsg.) (2001): Neues und Fremdes im deutschen Wortschatz. Aktueller lexikalischer Wandel. Verlag de Gruyter: Berlin/New York, S. 7–29.

MUNSKE, HORST HAIDER (2009): Was sind eigentlich 'hybride' Wortbildungen? In: Müller, Peter O. (Hrsg.) (2009): Studien zur Fremdwortbildung. Georg Olms Verlag: Hildesheim/Zürich/New York, S. 223–260.

MÜLLER, PETER O. (Hrsg.) (2000): Deutsche Fremdwortbildung: Probleme bei der Analyse und der Kategorisierung. In: Habermann, Mechthild/Müller, Peter O./Naumann, Bernd (Hrsg.): Wortschatz und Orthographie in Geschichte und Gegenwart: Festschrift für Horst Haider Munske zum 65. Geburtstag. Max Niemeyer Verlag: Tübingen, S. 115–134.

MÜLLER, PETER O. (Hrsg.) (2005a): Fremdwortbildung: Theorie und Praxis in Geschichte und Gegenwart. Peter Lang Verlag: Frankfurt am Main.

MÜLLER, PETER O. (2005b): Einführung. In: Müller, Peter O. (Hrsg.): Fremdwortbildung. Frankfurt a. M., S. 11–45.

NIER, THOMAS (2002): Linguistische Anmerkungen zu einer populären Anglizismen-Kritik oder: Von der notwendig erfolglos bleibenden Suche nach dem treffenden deutschen Ausdruck. In: Sprachreport 4/2002. Institut für Deutsche Sprache: Mannheim, S. 4–10.

ORTNER, LORELIES/ MÜLLER-BOLLHAGEN, ELGIN et al (1991): Deutsche Wortbildung: Typen und Tendenzen in der Gegenwartssprache. Eine Bestandsaufnahme des Instituts für Deutsche Sprache, Forschungsstelle Innsbruck. Vierter Hauptteil: Substantivkomposita (Komposita und kompositionsähnliche Strukturen 1). Walter de Gruyter: Berlin/New York.

THOMAS PAULWITZ, STEFAN MICKO (2000): Engleutsch? Nein danke! Wie sag ich's auf deutsch? Ein Volks-Wörterbuch. 2. Auflage. Verein für Sprachpflege.

POLENZ, PETER VON (1994): Deutsche Sprachgeschichte. Vom Spätmittelalter bis zur Gegenwart. Band II, 17. und 18. Jahrhundert. De Gruyter: Berlin/New York.

PROBST, JULIA (2009): Der Einfluss des Englischen auf das Deutsche. Zum sprachlichen Ausdruck von Interpersonalität in populärwissenschaftlichen Texten. Verlag Dr. Kovac Kovač: Hamburg.

RIEHL, CLAUDIA (2004): Sprachkontaktforschung. Eine Einführung. Narr Studienbücher: Tübingen.

Ruf, Birgit (1996): Augmentativbildungen mit Lehnpräfixen. Eine Untersuchung zur Wortbildung der deutschen Gegenwartssprache. Universitätsverlag C. Winter: Heidelberg.

Scherer, Carmen (2006): Korpuslinguistik. Universitätsverlag Winter: Heidelberg.

Scherer, Carmen/ Holler, Anke (Hrsg.) (2010): Strategien der Integration und Isolation nicht-nativer Einheiten und Strukturen. Walter de Gruyter: Berlin/ New York.

Schiewe, Jürgen/ Ros, Gisela (2005): „Wellness 4you": Sprachkritische Anmerkungen zum Fremdwortgebrauch im heutigen Deutsch. In: Colloquia Germanica Stetinensia 13, S. 75–86.

Schiewe, Jürgen (Hrsg.) (2011): Aptum. Zeitschrift für Sprachkritik und Sprachkultur. Themenheft: Anglizismen. 7. Jahrgang, 2011, Heft 02. Hempen Verlag: Bremen.

Schlobinski, Peter (1996): Empirische Sprachwissenschaft. Westdeutscher Verlag: Opladen.

Schlobinski, Peter (2003): Die Jagd auf Fremdwörter. In: Forschung und Lehre 10, S. 536–537.

Schramm, Wolfgang (2009): Das TopEvent zum Spezial-Preis oder Mit Fremdwörtern im Urlaub. In: Studia Niemcoznawcze (Studien zur Deutschkunde), Bd. XL, Uniwersytet Warszawski, Instytut Germanistyki: Warszawa, S. 405–410.

Schreiber, Matthias (2006): Deutsch for sale. In: Der Spiegel 40, S. 182–198.

Schrodt, Richard (2004): Schön, neu und fesch – die Anglizismen in der deutschen Werbung. In: Muhr, Rolf/Kettemann, Bernhard (Hrsg.) (2004): Eurospeak. Der Einfluss des Englischen auf europäische Sprachen zur Jahrtausendwende. 2. korrigierte Auflage. Peter Lang Europäischer Verlag der Wissenschaften: Frankfurt am Main et al., S. 101–116.

Schütte, Dagmar (1996): Das schöne Fremde. Anglo-amerikanische Einflüsse auf die Sprache der deutschen Zeitschriftenwerbung. Westdeutscher Verlag: Opladen.

Seiffert, Anja (2008): Autonomie und Isonomie fremder und indigener Wortbildung am Beispiel ausgewählter numerativer Wortbildungseinheiten. Frank & Timme GmbH Verlag für wissenschaftliche Literatur: Berlin.

Shohamy, Elana/ Gorter, Durk (2009): Linguistic landscape. Expanding the scenery. Routledge: New York/London.

SHOHAMY, ELANA/ BEN-RAFAEL, ELIEZER/ BARNI, MONICA (2010): Linguistic landscape in the city. Bristol et al.

SIEKMEYER, ANNE (2007): Form und Gebrauch komplexer englischer Lehnverben im Deutschen: eine empirische Untersuchung. Universitätsverlag Dr. N. Brockmeyer: Bochum. (Diversitas Linguarum Vol. 15).

STICKEL, GERHARD (Hrsg.) (2001): Neues und Fremdes im deutschen Wortschatz. Aktueller lexikalischer Wandel. Verlag de Gruyter: Berlin/New York.

WEGENER, HEIDE (2010): Fremde Wörter – fremde Strukturen. Durch Fremdwörter bedingte strukturelle Veränderungen im Deutschen. In: Scherer, Carmen/Holler, Anke (Hrsg.) (2010): Strategien der Integration und Isolation nicht-nativer Einheiten und Strukturen. Walter de Gruyter: Berlin/New York, S. 87–104.

WÜRSTLE, REGINE (1992): Überangebot und Defizit in der Wortbildung: eine kontrastive Studie zur Diminutivbildung im Deutschen, Französischen und Englischen. Peter Lang Verlag: Frankfurt am Main/Berlin et al.

YANG, WENLIANG (1990): Anglizismen im Deutschen: Am Beispiel des Nachrichtenmagazins Der Spiegel. Reihe Germanistische Linguistik, Bd. 106. Max Niemeyer Verlag: Tübingen.

ZABEL. HERMANN (Hrsg.) (2003): Denglisch, nein danke!: Zur inflationären Verwendung von Anglizismen und Amerikanismen in der deutschen Gegenwartssprache. 2. Auflage. IFB-Verlag: Paderborn.

ZIFONUN, GISELA/ HOFFMANN, LUDGER/ STRECKER, BRUNO (1997): Grammatik der deutschen Sprache 3. Mouton de Gruyter: Berlin/ New York.

ZIFONUN, GISELA (2002): Überfremdung des Deutschen: Panikmache oder echte Gefahr? IDS-Sprachforum, 15. Mai 2002. In: Sprachreport 3/2002. Institut für Deutsche Sprache: Mannheim, S. 2–9.

Diagramm- und Tabellenverzeichnis

I. Diagramme im theoretischen Teil
Diagramm A: Welche Sprachen können Sie zumindest
einigermaßen gut sprechen und verstehen? 25
Diagramm B: Welche Fremdsprache würden Sie gerne perfekt sprechen? 26
Diagramm C: Welche Sprachen sollten Kinder heute in der Schule
vor allem lernen? 27
Diagramm D: Welche Folgen hat die häufigere Verwendung
englischer Wörter? 28

II. Diagramme und Tabellen im empirischen Teil[24]
Diagramm 1.1: Germanistikstudenten:
Erscheinen Ihnen einige Wörter im Deutschen fremd? 37
Diagramm 1.2: Montessori-Hort-Lehrer und -Betreuer:
Erscheinen Ihnen einige Wörter im Deutschen fremd? 38
Diagramm 2.1: Germanistikstudenten:
Irritiert Sie, dass im Deutschen fremde Wörter erscheinen? 39
Diagramm 2.2: Montessori-Hort-Lehrer und -Betreuer:
Irritiert Sie, dass im Deutschen fremde Wörter erscheinen? 39
Diagramm 3.1: Germanistikstudenten: Schlagen Sie im Wörterbuch
nach, was das unbekannte Wort, dem sie begegnet sind, bedeutet. 40
Diagramm 3.2: Montessori-Hort-Lehrer und -Betreuer:
Schlagen Sie im Wörterbuch nach, was das unbekannte Wort,
dem sie begegnet sind, bedeutet. 41
Diagramm 4.1: Germanistikstudenten:
Welche Teile der erwähnten Wörter sind Ihrer Meinung nach fremd? 43
Diagramm 4.2: Montessori-Hort-Lehrer und -Betreuer:
Welche Teile der erwähnten Wörter sind Ihrer Meinung nach fremd? 44
Diagramm 5.1: Germanistikstudenten:
Stören Sie die Wortverbindungen, in denen
ein Teil deutsch und ein Teil fremd ist? 45

---

24 Verzeichnis der während der Auswertung der Fragebogenergebnisse angefertigten Diagramme und Tabellen.

Diagramm 5.2: Montessori-Hort-Lehrer und -Betreuer:
Stören Sie die Wortverbindungen, in denen ein Teil deutsch
und ein Teil fremd ist? 45
Tabelle 5.3: Germanistikstudenten: Die Wortverbindungen, in denen
ein Teil deutsch und ein Teil fremd ist, stören mich bzw. stören mich nicht 50
Diagramm 6.1: Germanistikstudenten: Würden Sie die Bildungen
vom Typ: *Back-Faktory, Outdoor-Spielplatz* durch eine deutsche
Bezeichnung ersetzen oder finden Sie das entbehrlich? 53
Diagramm 6.2: Montessori-Hort-Lehrer und -Betreuer: Würden Sie
die Bildungen vom Typ: *Back-Faktory, Outdoor-Spielplatz* durch eine
deutsche Bezeichnung ersetzen oder finden Sie das entbehrlich? 53
Tabelle 6.3: Germanistikstudenten:
Ich würde die Bildungen vom Typ: *Back-Faktory, Outdoor-Spielplatz*
durch eine deutsche Bezeichnung ersetzen bzw. nicht ersetzen 57
Diagramm 7.1: Germanistikstudenten: Das Deutsche entlehnt viele
Wörter aus dem Englischen, z. B. *outdoor, indoor, Buggy, shoppen,
downloaden, checken, chillen*. Empfinden Sie das als notwendig? 59
Diagramm 7.2: Montessori-Hort-Lehrer und -Betreuer:
Das Deutsche entlehnt viele Wörter aus dem Englischen,
z. B. *outdoor, indoor, Buggy, shoppen, downloaden, checken, chillen*.
Empfinden Sie das als notwendig? 60
Tabelle 7.3: Germanistikstudenten: JA, ich empfinde es
als notwendig/ NEIN, ich empfinde es als <u>nicht</u> notwendig,
dass das Deutsche viele Wörter aus dem Englischen, z. B. *outdoor,
indoor, Buggy, shoppen, downloaden, checken, chillen* entlehnt 64
Diagramm 8.1: Germanistikstudenten:
Finden Sie es notwendig, als Deutsche/r Englisch zu kennen,
um die im modernen Deutsch formulierten Aussagen zu verstehen? 66
Diagramm 8.2: Montessori-Hort-Lehrer und -Betreuer:
Finden Sie es notwendig, als Deutsche/r Englisch zu kennen,
um die im modernen Deutsch formulierten Aussagen zu verstehen? 67
Tabelle 8.3: Germanistikstudenten: JA, es ist notwendig/ NEIN,
es ist <u>nicht</u> notwendig, als Deutsche(r) Englisch zu kennen,
um die Aussagen des Gegenwartsdeutschen zu verstehen[25] 71

---

[25] Zu der 9. Frage wurden keine Diagramme angefertigt. Die Diagramme bekommen
die Nummern der jeweiligen Fragebogenfrage, deshalb fehlt Diagramm 9.

Diagramm 10.1: Germanistikstudenten:
Klingen Ihrer Meinung nach die Hybridbildungen *Allcartreffen,
Allcar-Tuning-Treffen, All-Inclusive-Armband, Ambiente-Ausstellung,
Beautyanlage, Headliner-Aufschlag, Pop-up-Zelte, Lifestyle-Messe* fremd? 81

Diagramm 10.2: Montessori-Hort-Lehrer und -Betreuer:
Klingen Ihrer Meinung nach die Hybridbildungen *Allcartreffen,
Allcar-Tuning-Treffen, All-Inclusive-Armband, Ambiente-Ausstellung,
Beautyanlage, Headliner-Aufschlag, Pop-up-Zelte, Lifestyle-Messe* fremd? 82

Tabelle 11.1: Germanistikstudenten:
Deutsche Entsprechung zu den angegebenen Anglizismen 84

Tabelle 11.2: Montessori-Hort-Lehrer und -Betreuer:
Deutsche Entsprechung zu den angegebenen Anglizismen 85

Diagramm 12.1: Germanistikstudenten: Verstehen Sie den Satz?:
„Ich bevorzuge den Casual Look, allerdings ist es so, dass,
wenn das Event stimmt, ich mich auch gerne richtig aufstyle." 87

Diagramm 12.2: Montessori-Hort-Lehrer und -Betreuer:
Verstehen Sie den Satz?: „Ich bevorzuge den Casual Look, allerdings ist
es so, dass, wenn das Event stimmt, ich mich auch gerne richtig aufstyle." 88

Diagramm 12.3: Germanistikstudenten:
Verstehen Sie den Satz?: „Wer sich richtig auspowern will,
ist bei diesen Sportarten an der richtigen Adresse. Die Intensität
ist so hoch, dass ein längeres Training kaum zu bewältigen wäre." 89

Diagramm 12.4: Montessori-Hort-Lehrer und -Betreuer:
Verstehen Sie den Satz?: „Wer sich richtig auspowern will,
ist bei diesen Sportarten an der richtigen Adresse. Die Intensität
ist so hoch, dass ein längeres Training kaum zu bewältigen wäre." 90

Diagramm 12.5: Germanistikstudenten: Verstehen Sie den Satz?:
„Belastet ein Sport die Gelenke, liegt das oft an der falschen Technik
oder einer unpassenden Ausrüstung. Viele Nordic Walker tun sich
mit ihrer Learning-by-doing-Technik nichts Gutes." 91

Diagramm 12.6: Montessori-Hort-Lehrer und -Betreuer:
Verstehen Sie den Satz?: „Belastet ein Sport die Gelenke, liegt das oft an
der falschen Technik oder einer unpassenden Ausrüstung. Viele Nordic
Walker tun sich mit ihrer Learning-by-doing-Technik nichts Gutes." 91

Diagramm 12.7: Germanistikstudenten:
Verstehen Sie den Satz?: „Auf schwarzen Ledersesseln sitzend,
unterhalten sich zwischen großen Pflanzen Arbeitnehmer und
Arbeitgeber, während im Hintergrund Lounge-Musik gespielt wird." 92

Diagramm 12.8: Montessori-Hort-Lehrer und -Betreuer:
Verstehen Sie den Satz?: „Auf schwarzen Ledersesseln sitzend,
unterhalten sich zwischen großen Pflanzen Arbeitnehmer und
Arbeitgeber, während im Hintergrund Lounge-Musik gespielt wird." 92
Diagramm 12.9: Germanistikstudenten:
Verstehen Sie den Satz?: „Statt sich von vielen Ratgebern
verunsichern zu lassen, sollen junge Mütter wieder mehr auf die
innere Stimme hören. Dabei helfen kann ein Mutter-Coaching
aus interaktiven Workshops, Videos und persönlichen Tipps." 93
Diagramm 12.10: Montessori-Hort-Lehrer und -Betreuer:
Verstehen Sie den Satz?: „Statt sich von vielen Ratgebern
verunsichern zu lassen, sollen junge Mütter wieder mehr auf die
innere Stimme hören. Dabei helfen kann ein Mutter-Coaching aus
interaktiven Workshops, Videos und persönlichen Tipps." 94
Diagramm 12.11: Germanistikstudenten:
Verstehen Sie den Satz?: „Natur-Highlights wie der Pfahl [...]
oder der Blick von einem der zahlreichen über 1.000 Meter
hohen Gipfel sind für alle Besucher unvergessliche Eindrücke." 94
Diagramm 12.12: Montessori-Hort-Lehrer und -Betreuer:
Verstehen Sie den Satz?: „Natur-Highlights wie der Pfahl [...]
oder der Blick von einem der zahlreichen über 1.000 Meter
hohen Gipfel sind für alle Besucher unvergessliche Eindrücke." 95
Diagramm 13.1: Germanistikstudenten: Glauben Sie, dass die
Kommunikation gestört werden kann, wenn man einige Wörter (z. B. in
Form einer Hybridbildung) in einer Aussage, in einem Text nicht versteht? 96
Diagramm 13.2: Montessori-Hort-Lehrer und -Betreuer:
Glauben Sie, dass die Kommunikation gestört werden kann,
wenn man einige Wörter (z. B. in Form einer Hybridbildung)
in einer Aussage, in einem Text nicht versteht? 97
Tabelle 13.3: Germanistikstudenten:
JA, die Kommunikation wird gestört/ NEIN, die Kommunikation
wird nicht gestört, wenn man einige Wörter (z. B. in Form einer
Hybridbildung) in einer Aussage, in einem Text nicht versteht 101
Diagramm 14.1: Germanistikstudenten:
Mit welcher Aussage bzw. mit welchen Aussagen über die fremden
Wörter und die Hybridbildungen im Deutschen identifizieren Sie sich? 104
Diagramm 14.2: Montessori-Hort-Lehrer und -Betreuer:
Mit welcher Aussage bzw. mit welchen Aussagen über die fremden
Wörter und die Hybridbildungen im Deutschen identifizieren Sie sich? 104

Dr. habil. Anna Dargiewicz	
Lehrstuhl für Germanistik	
Warmia und Mazury-Universität in Olsztyn (Polen)	
Ort der Umfragedurchführung:	Universitäts- und Hansestadt Greifswald Mecklenburg-Vorpommern/Deutschland
Zeitpunkt der Untersuchung:	Juni-August 2013

Fragebogen zum Thema Hybridbildungen

Sehr geehrte Damen und Herren,
ich richte mich an Sie mit der höflichen Bitte an der wissenschaftlichen Untersuchung teilzunehmen, die das Phänomen der Hybridbildungen in der deutschen Gegenwartssprache betrifft. Mit dem vorliegenden Fragebogen plane ich meine Forschungen zum Thema Hybridbildungen in der deutschen Sprache anhand einer sich auf die Ansätze der Linguistic-landscape-Forschung stützenden raumgebundenen Untersuchung in der Universitäts- und Hansestadt Greifswald fortzusetzen. Die erste Etappe meiner wissenschaftlichen Recherche in Greifswald fiel auf den Zeitraum Juli/August 2011 und Juli/August 2012. Das in dieser Zeit gesammelte empirische Material bildete die Grundlage für die Entstehung der Monografie: *Fremde Elemente in Wortbildungen des Deutschen: Zu Hybridbildungen in der deutschen Gegenwartssprache am Beispiel einer raumgebundenen Untersuchung in der Universitäts- und Hansestadt Greifswald*. In: Grabarek, Józef (Hrsg.): Schriften zur diachronen und synchronen Linguistik, Bd. 10 Peter Lang Verlag: Frankfurt am Main, Berlin, Bern, Bruxelles, New York, Oxford, Wien, Warszawa 2013. Das Ziel der Studie besteht darin, das Phänomen der Hybridbildung darzustellen sowie auf die Vielfalt der hybriden Wortbildungen im Gegenwartsdeutschen anhand eines selbständig erstellten Modells hinzuweisen. Der Anteil fremder Wortbildungselemente an den Wortbildungen des Deutschen ist eine offenkundige und unbestreitbare Tatsache.

Die Hybridbildungen können unter verschiedenen Aspekten untersucht werden. Den semantisch-linguistischen Aspekt habe ich in der erwähnten umfangreichen Monografie berührt. Als unentbehrlich für die adäquate und gründliche Beschreibung des Hybridbildungsphänomens im Deutschen finde ich jedoch auch die soziale Untersuchung, d.h. die Durchführung einer Umfrage zum Thema Hybridbildungen unter den Einwohnern von Greifswald. Solch eine empirische Untersuchung wird mir erlauben, viele weitere interessante Schlüsse bezüglich des untersuchten Phänomens zu ziehen. Die Rezeption der Hybridbildungen von Ihnen, den Studenten und Einwohnern von Greifswald, Ihre Meinung zu dem besprochenen Phänomen kann zur Klärung u.a. der Streitfragen beitragen, die das Problem des Verstehens der hybriden Bildungen sowie das der Notwendigkeit ihrer Bildung und Nutzung betreffen.

Sehr geehrte Damen und Herren,

die mit Ihrer Hilfe durchgeführte Untersuchung wird die Grundlage für die Entstehung eines wissenschaftlichen Artikels bilden. Ich wäre Ihnen sehr dankbar, wenn Sie mir ein wenig von Ihrer kostbaren Zeit widmen und an dieser Umfrage teilnehmen würden.

Was sind Hybridbildungen (Mischbildungen)?
Es sind Kombinationen aus fremdsprachigen und deutschen Elementen, die in einem Wort verbunden sind, z. B. *Spielkonsole, Computerlehrgang, recyclingfähig, talkshowartig, herumshoppen, Back-Factory, Partnerschaft, Service-Dienst, Kinderbuggy*.

1. Erscheinen Ihnen einige Wörter im Deutschen fremd?
   JA   **NEIN**

2. Irritiert Sie das?
   JA   **NEIN**

3. Schlagen Sie nach, was das unbekannte Wort, dem Sie begegnet sind, bedeutet?
   JA   **NEIN**

4. Welche Teile der erwähnten Wörter sind Ihrer Meinung nach fremd? (Unterstreichen Sie bitte den fremden Teil des Wortes)

Spielkonsole, Computerlehrgang, recyclingfähig, talkshowartig, herumshoppen, Citylauf, Back-Factory, Partnerschaft, Service-Dienst, Kinderbuggy, Outdoor-Kleidung, Wellnessinsel, Strandfeeling, Bowlingzentrum, Runningmütze, Workout-Pause, Wundpflege-Set, Teeshop, Shopping-Wochenende, Preis-Check, Lern-Coachies, hochhieven, Bio-Vollverpflegung, auschillen, Anti-Aging-Mittel, sich auspowern, Beratungscenter

5. Stören Sie derartige Wortverbindungen (siehe Beispiele unter Punkt 4)?
   JA, weil ……………………………………………………………………………..
   ………………………………………………………………………………………………
   NEIN, weil ……………………………………………………………………………
   ………………………………………………………………………………………………

6. Würden Sie die Bildungen vom Typ: *Back-Faktory, Outdoor-Spielplatz* durch eine deutsche Bezeichnung ersetzen oder finden Sie das entbehrlich?
   JA, weil ……………………………………………………………………………..
   ………………………………………………………………………………………………
   NEIN, weil ……………………………………………………………………………
   ………………………………………………………………………………………………

7. Das Deutsche entlehnt viele Wörter aus dem Englischen, z. B. *outdoor, indoor, Buggy, shoppen, downloaden, checken, chillen*. Empfinden Sie das als notwendig?
   JA, weil ………………………………………………………………………..
   ……………………………………………………………………………………
   NEIN, weil ………………………………………………………………………
   ……………………………………………………………………………………

8. Finden Sie es notwendig, als Deutsche/r Englisch zu kennen, um die im modernen Deutsch formulierten Aussagen zu verstehen?
   JA, weil ………………………………………………………………………..
   ……………………………………………………………………………………
   NEIN, weil ………………………………………………………………………
   ……………………………………………………………………………………

9. Bereichern Fremdwörter die deutsche Sprache oder sind sie überflüssig? Äußern Sie bitte Ihre Meinung darüber.
   ……………………………………………………………………………………
   ……………………………………………………………………………………
   ……………………………………………………………………………………

10. Klingen Ihrer Meinung nach die Hybridbildungen *Allcartreffen, Allcar-Tuning-Treffen, All-Inclusive-Armband, Ambiente-Ausstellung, Beautyanlage, Headliner-Aufschlag, Pop-up-Zelte, Lifestyle-Messe* fremd?
    JA   **NEIN**

11. Schreiben Sie bitte eine deutsche Entsprechung zu den angegebenen Anglizismen:
    z. B. der Service – die Werkstatt
    chillen –
    After-Sun –
    Beauty –
    City –
    Shop –
    Party –
    online –
    Coach –
    mobil –
    Laptop –
    Event –
    Center –

133

12. Verstehen Sie diese Sätze und alle in ihnen enthaltenen Wörter? Unterstreichen Sie bitte die Wörter, die Ihnen Verstehensprobleme bereiten.
   a) „Ich bevorzuge den Casual Look, allerdings ist es so, dass, wenn das Event stimmt, ich mich auch gerne richtig aufstyle."
   JA   NEIN

   b) „Wer sich richtig auspowern will, ist bei diesen Sportarten an der richtigen Adresse. Die Intensität ist so hoch, dass ein längeres Training kaum zu bewältigen wäre."
   JA   NEIN

   c) „Belastet ein Sport die Gelenke, liegt das oft an der falschen Technik oder einer unpassenden Ausrüstung. Viele Nordic Walker tun sich mit ihrer Learning-by-doing-Technik nichts Gutes."
   JA   NEIN

   d) „Auf schwarzen Ledersesseln sitzend, unterhalten sich zwischen großen Pflanzen Arbeitnehmer und Arbeitgeber, während im Hintergrund Lounge-Musik gespielt wird."
   JA   NEIN

   e) „Statt sich von vielen Ratgebern verunsichern zu lassen, sollen junge Mütter wieder mehr auf die innere Stimme hören. Dabei helfen kann ein Mutter-Coaching aus interaktiven Workshops, Videos und persönlichen Tipps."
   JA   NEIN

   f) „Natur-Highlights wie der Pfahl […] oder der Blick von einem der zahlreichen über 1.000 Meter hohen Gipfeln sind für alle Besucher unvergessliche Eindrücke."
   JA   NEIN

13. Glauben Sie, dass die Kommunikation gestört werden kann, wenn man einige Wörter (z. B. in Form einer Hybridbildung) in einer Aussage, in einem Text nicht versteht?
   JA, weil ………………………………………………………………………………………..
   ………………………………………………………………………………………………
   NEIN, weil ………………………………………………………………………………
   ………………………………………………………………………………………………

14. Mit welcher Aussage bzw. mit welchen Aussagen über die fremden Wörter und die Hybridbildungen im Deutschen identifizieren Sie sich? Kreuzen Sie bitte an.
   ❏ 1. Fremdwörter bereichern die deutsche Sprache, da sie sie differenzieren und spezifizieren. Sie erleichtern internationale Kommunikation. In

Fach- und Wissenschaftssprachen eignen sich die Fremdwörter besonders gut zur Begriffsbildung, da sie den Unterschied zwischen Fach- und Gemeinsprache deutlicher machen und es daher zu weniger Missverständnissen kommt.

❏ 2. Fremdwörter sind oft überflüssig, da sie in vielen Fällen leicht durch deutsche Wörter ersetzt werden könnten. Fremdwortgebrauch ist häufig nichts weiter als Angeberei, Imponiergehabe oder Demonstration des eigenen Status. Fremde Wörter führen zum Verfall der deutschen Sprache.

❏ 3. Die Verbindungen aus fremden und deutschen Elementen (d. h. Hybridbildungen) erweitern die Ausdrucksmöglichkeiten der deutschen Sprache.

❏ 4. Hybridbildungen sind überflüssig, da das Deutsche schließlich über native Komponenten verfügt, die denselben Sachverhalt wiedergeben können.

Vielen Dank, dass Sie den Fragebogen ausgefüllt und somit zum Gelingen meines Projekts beigetragen haben.

Autorin: *Dr. habil. Anna Dargiewicz*

Schriften zur diachronen und synchronen Linguistik

Herausgegeben von Józef Grabarek

Band 1 Sylwia Firyn: Beiträge zur jüngeren und jüngsten Geschichte der deutschen Sprache. 2011.

Band 2 Edyta Grotek / Anna Just (Hrsg.): Im deutsch-polnischen Spiegel. Sprachliche Nachbarschaftsbilder. 2011.

Band 3 Anna Just: Die Entwicklung des deutschen Militärwortschatzes in der späten frühneuhochdeutschen Zeit (1500-1648). 2012.

Band 4 Hanna Biaduń-Grabarek: Fragen der Phraseologie, Lexikologie und Syntax. 2012.

Band 5 Edyta Grotek (Hrsg.): Deutsche und Polen im Kontakt. Sprache als Indikator gegenseitiger Beziehungen. 2012.

Band 6 Sylwia Firyn: Junktoren im Text der Protokolle des Generallandtags von Preußen Königlichen Anteils aus den Jahren 1526-1528. 2012.

Band 7 Hanna Biadúň-Grabarek: Zum Schwund der lexikalischen Entlehnungen aus dem Deutschen in den Mundarten der polnischen Großstädte im ehemals deutsch-polnischen Grenzgebiet. 2013.

Band 8 Józef Wiktorowicz / Anna Just / Ireneusz Gaworski (Hrsg.): Satz und Text. Zur Relevanz syntaktischer Strukturen zur Textkonstitution. Akten zum Internationalen Kongress an der Universität Warschau 21. bis 23. September 2011. 2013.

Band 9 Józef Grabarek: Zur Geschichte der deutschen Sprache im 20. Jahrhundert. 2013.

Band 10 Anna Dargiewicz: Fremde Elemente in Wortbildungen des Deutschen. Zu Hybridbildungen in der deutschen Gegenwartssprache am Beispiel einer raumgebundenen Untersuchung in der Universitäts- und Hansestadt Greifswald. 2013.

Band 11 Grażyna Łopuszańska-Kryszczuk: Danziger Umgangssprache und ihre Spezifik. 2013.

Band 12 Magdalena Grabowska / Grzegorz Grzegorczyk / Hadrian Lankiewicz: Language and Concepts in Action. Multidisciplinary Perspectives on Linguistic Research. 2013.

Band 13 Hanna Biaduń-Grabarek / Sylwia Firyn (Hrsg.): Aspekte der philologischen Forschung von Jacob Grimm und der Märchenübersetzung ins Polnische. 2014.

Band 14 Anna Just: Schreiben und *Rescripte* von Frauen und *Princessinnen* aus dem Liegnitz(er) *Fürsten Hause* (1546–1678). Edition sowie eine historisch-soziopragmatische und historisch-textlinguistische Skizze. 2014.

Band 15 Anna Dargiewicz: Hybridbildungen und ihre Rezeption unter den deutschen Muttersprachlern. 2015.

www.peterlang.com

www.ingramcontent.com/pod-product-compliance
Ingram Content Group UK Ltd.
Pitfield, Milton Keynes, MK11 3LW, UK
UKHW040948220426
5322IPUK00028B/7